JN038318

住民・上司・議会に響く！

公務員の心をつかむ文章講座

工藤勝己 著

学陽書房

はじめに

　「心に響く文章」「心をつかむ文章」が本書のテーマです。文章を読んで、深く共感させられたことや、強く印象に残ったという経験は誰にでもあるはずです。ちょっとした工夫をすることで、皆さんもそのような文章が書けるようになります。

　公務員が文章を書く目的は、「伝達する」「記録して残す」「行動を促す」の三つに大別されます。その読み手は、主に住民や上司、議員です。「伝達」や「記録」が目的である場合は、正しく伝わる文章を書くことに専念すればよいのですが、行動してもらうことが目的の場合は、それだけでは足りません。読み手の心に響く文章を書いて心をつかむ必要があります。

　どんな職場にいても、読み手に行動を起こしてもらうために文章を書く機会は、とても多くあります。感染症対策で住民にワクチン接種を呼びかけたり、災害時に迅速な避難を促したりするケースを想定するとわかりやすいかもしれません。また、新たな事業の企画立案過程では、上司を納得させて承認してもらう必要があります。さらに、事業を円滑に進めるためには地元議員の理解を得て応援してもらわなければなりません。

　ありきたりで退屈な文章では、相手は動いてくれません。本書では、私がこれまでに実践してきた「心をつかむ文章術」を皆さんに惜しみなくお伝えします。

本書の特長は、主に3つあります。

①住民・上司・議会に響く豊富な文例で理解しやすい

広報紙やホームページに載せる住民向けのメッセージや、新規事業を企画立案する際の起案文、さらには議会答弁書まで、あらゆる読み手の心をつかむための文例を満載しています。

②自治体の事業を幅広く網羅しており、どんな職場でも役立つ

全国の自治体で今まさに実施されている旬の事業を題材にしており、事務職から技術職まで、幅広い世代・役職の公務員にとって目からウロコが落ちる有益な内容となっています。

③行動経済学を取り入れた心をつかむ文章術が身につく

行動経済学とは、心理学と経済学が融合した学問です。この考え方を文章に取り入れて、リアルな人間心理に着目しながら文章を書くノウハウを惜しみなく紹介しています。

住民や上司、議員がどうしても首をタテに振ってくれなかった困難な案件も、読み手の心をつかむ文章が書けるようになると、少しずつ動き出します。その一助となることを心から願って、本書を皆さんに贈ります。

工藤　勝己

CONTENTS

第 3 章 バッチリ承認を得る！上司向け文章の秘訣

第4章 納得と賛同をもらう！ 議会答弁書の極意

第 5 章

どんな相手の心にも刺さる！
文章力を磨いて高める習慣

第 1 章

読み手ファーストで書く！

心をつかむ
文章のポイント

1 優れた文章は
読み手の「心をつかむ」

優れた文章を読んで心を鷲づかみにされた。そんな経験は誰にでもあるはずです。小説やエッセイ、自己啓発書、ブログなど、分野やジャンルを問わず、秀逸な文章が確かに存在します。

私たち公務員が日常的に書く文章も、工夫次第で読み手の心をつかむことができます。例えば、たった1行のタイトルだけでも、全く心が動かないものと、思わず惹きつけられるものの違いは如実です。事例を見てみましょう。

△　【提案名】待合スペースの整備について

○　【提案名】日本一快適な待合スペースへの挑戦！

いわゆる職員提案制度の提案書です。どちらに目を引かれ、心をつかまれるでしょうか。無味乾燥な前者に比べ、「日本一」「挑戦」といった言葉が並ぶ後者は、期待感を抱かせます。

もう一つ、例を挙げてみましょう。

△　参加者募集中！スマホ体験教室

○　初めてでも大丈夫！かんたん安心のスマホ講座

高齢者を対象にしたスマホ教室を案内する際のタイトルです。

「スマホを使ってみたいけれど、私にもできるのかしら？」といった不安を抱く方に向けて、安心感の伝わる表現を入れるだけで、グッと参加しやすい印象になったことがわかるはずです。

 地方議員のためのネットマナー講座

 知らなきゃマズい！地方議員のSNS炎上対策セミナー

安心感とは反対に、危機感を煽り、ハッとさせることもできます。誰でもトラブルは避けたいもの。潜在的な問題意識を持っている議員であれば、詳細が知りたくなることでしょう。

 A市名産の高級革財布

 A市の革職人が丹精を込めて縫い上げた極上の革財布

最後は、ふるさと納税の返礼品の紹介です。どちらが魅力的かは一目瞭然でしょう。このように、**公務員が住民や上司、議会などに対して書く文章も、ちょっとした工夫で心をつかみ、相手を動かすことができるのです。**

POINT

読み手の心をつかむために大切なことは、読み手の感性に働きかけるような「光る言葉」を盛り込んで、読み手が感情移入するための扉をそっと開いてあげることです。

　国や自治体がイベントを実施する際、いかに素晴らしい企画内容であっても、その魅力を文章で伝えることができなければ決して相手は動きません。事例を見てみましょう。

⚠ 市議会議員の皆様へ

本市では、無電柱化推進事業を実施しております。
電柱は車や歩行者の通行に支障となるばかりか、景観を阻害する一因ともなります。また、地震や台風などの自然災害によって万が一倒れた場合には、電力の供給が停止される可能性もあり、市民生活に悪影響を及ぼしかねません。このような課題を解決するために、電線類の地中化を推進する必要があります。
この度、無電柱化の効果を実感していただくための**体験型イベント**を実施することとなりました。**パネル展**も同時開催いたしますので、ご案内いたします。

> イベントの魅力がよくわからない

　いかがでしょうか。このような案内文を受け取った際に、会場を訪れてみようと思う人がどれだけいるのか疑問です。私たち公務員が文章を書く際には、課題や効果を淡々と書き連ねる傾向にあります。ましてや議員向けの案内文であれば、肩に力が入って硬い文体になりがちです。このような**形式的な文章では、相手の**

心をつかむことはできません。

○ **市議会議員の皆様へ**

この度、無電柱化推進事業の効果を市民の皆様に実感していただくための**体験型イベント**を実施することとなりました。会場となる市民体育館内に実物大の電柱が出現します。この電柱がもたらす不自由さや景観上の悪影響を実体験することができます。電柱が仁王立ちしている歩道を**アイマスク**をして**白杖**を使いながら歩いたり、**車いす**に乗りながら電柱を避けて通行してみるなど、バリアフリーの大切さを実感いただける**またとないチャンス**です。災害時の**バーチャルリアリティ映像**の放映や**「電柱邪魔だよパネル展」**も同時開催となりますので、謹んでご案内申し上げます。

体験型イベントの魅力が存分に伝わる

相手の心を動かす「光る言葉」が満載ですね。できる公務員はこのように文章一つで相手を動かしています。課題や効果については、わざわざ文章で表現しなくても、会場に来ていただいた際に実感してもらえればよいのです。固定観念に捉われずに、柔軟な発想で言葉を紡いでみてください。

POINT

書き終えた文章は少し寝かせることをお勧めします。書き終えてから時間が経過すれば、自分が書いた文章としてではなく読み手の立場からチェックできるようになります。

3 文章は勝手に「自己主張」を始める

　書き手は正しく伝えたつもりなのに、実は読み手に正しく伝わっていない。このミスマッチは、**「伝える」と「伝わる」は全くの別物**だという認識が薄いがゆえに起こります。

　「京都と奈良の寺院に行く」という表現をもとに考えてみましょう。この場合、京都では寺院に行くのでしょうか？　この質問に対して先入観が強い人なら、迷わず「京都でも寺院に行く」と答えるでしょうが、そうでない人は答えに窮することでしょう。奈良では寺院に行くものの、京都は観光だけかもしれません。短い一文ですが、どちらの解釈もできる読み手泣かせの表現です。

　それでは、どのように表現すればよかったのでしょうか。寺院に行くのが奈良だけの場合は、「京都と、奈良の寺院に行く」とし、読点で解釈のブレをなくします。一方、両方の寺院に行く場合には、「京都と奈良で寺院に行く」「京都・奈良の寺院に行く」などとすれば、正しく伝わります。

　職場でよく見かける身近な事例を見てみましょう。

> ✕　葛飾区と足立区の一部で停電しています。

> ◯　足立区の一部と葛飾区で停電しています。

　「一部」という言葉が葛飾区にも係るのか、読む人によって解釈がブレるため、並列表記した前後を入れ替えるとよいでしょう。

✕ 停電している葛飾区と足立区を支援する。

〇 足立区と停電している葛飾区を支援する。

「停電している」という表現が足立区にも係るのか迷いますね。
この場合も前後を入れ替えると解釈のブレがなくなります。

✕ ５件の苦情と陳情を受理した。

〇 苦情と陳情を５件ずつ受理した。

一つの修飾語が二つの語を修飾することはありません。

✕ 黒いペットボトルに入っている粉末が排ガスだ。

〇 ペットボトルに入っている黒い粉末が排ガスだ。

「黒い」のはペットボトルではなく粉末です。**被修飾語の直前
に修飾語を置くことで文章が勝手に自己主張することもなくな
り、解釈が安定します。**

POINT

書き手のもとを離れると、文章は勝手に自己主張を始めてし
まうため、もはや書き手がコントロールすることはできませ
ん。文章は「生き物」だということを肝に銘じましょう。

4 思いついたことを 思いついた順に書かない

　腹落ちしない文章に出合ったとき、その原因を探ってみると、思いついたことを思いついた順に表現しているケースが極めて多くあります。書き手にとっては楽なのですが、一度読んだだけでは理解できない読み手泣かせの「難文」が完成してしまいます。

　事例を見てみましょう。

> ✕ 市が重点的に<u>取り組んでいる事業として</u>、老朽化に伴う改修などによりスポーツ施設を安心して利用できるよう、利便性・安全性を向上させるとともに、積極的に**バリアフリーにも配慮した計画的なスポーツ施設の改修**などに<u>取り組んでいます</u>。

> 取り組んでいる事業として…取り組んでいます？？

　いかがでしょうか？　読み手に伝えようとしていることは、なんとなくわかりますが、何度か読み返さないと理解できず読後感がスッキリしないですね。文章を書きながら思考を整理しきれずに、思いつくままに表現した結果がこれです。

　読み手である住民の立場になって書かれていないため、これでは書き手の自己満足で終わってしまいます。

　このような**難文も、分解して並べ替えると読み手本位の文章に変身させることができます。**

○　市が重点的に取り組んでいる事業として、**バリアフリーにも配慮した計画的なスポーツ施設の改修**があります。スポーツ施設を安心して利用できるよう、老朽化に伴う改修などにより利便性・安全性を向上させていきます。

　原文は主語である「事業」と述語である「スポーツ施設の改修」が離れており、その間に補足的な説明が挟まれていましたが、二文にして主語と述語を近づけました。これだけでも格段にわかりやすくなりましたが、さらに改善してみましょう。

◎　市が重点的に取り組んでいる事業は、**計画的なスポーツ施設の改修**です。誰もが安心して利用できるよう、**バリアフリーにも配慮**しながら老朽化したスポーツ施設の改修工事を進め、利便性・安全性を向上させていきます。

　一文目をシンプルにしてわかりやすくするために、「バリアフリーに配慮」という表現を二文目に移動しました。主題がすっきりして、ストンと腹に落ちる文章になったのではないでしょうか。

POINT

下書き段階では、思いついたことを思いついた順に書いても構いません。しかし、それは徹底的に推敲を重ねて読み手本意の文章にするという強い決意がある場合に限られます。

5 主演女優を早く登場させ 読み手の期待に応える

　映画や舞台と同じで、私たちが書く文章にも「主演女優」が存在します。客席にいるお客様が「読み手」で、スクリーンや舞台が「文章」だと思えばわかりやすいかもしれません。

　さて、お客様は何を待ち望んでいるでしょうか？　「早く出てこないかなぁ」と、主演女優の登場を待ちわびるはずです。なかには、忙しくて最後まで鑑賞できないお客様もいるでしょう。主演女優が登場するのが後半だとしたら、彼女の顔や演技を拝むこともなく途中で帰ることになってしまいます。文章も同じです。**多忙な上司や議員はスキマ時間を活用して資料を読むことが多いため、長い文章を最後まで読めないことも想定されます。だからこそ、主演女優を早く登場させなければならないのです。**

　事例を見てみましょう。

> ▲　葛飾区では、トップアスリート支援事業を実施しています。葛飾区出身、区内在住・在勤・在学など葛飾区にゆかりのあるトップアスリートを「葛飾区トップアスリート」として認定して、活動費を支援するとともに区民がアスリートたちを応援していくための環境を整えます。また、認定した葛飾区トップアスリートを区のスポーツイベントやスポーツ教室にゲストや講師として招聘して、区民がアスリートと交流できる場を設けます。これを契機として、区民がスポーツに親し

める環境を整備し、区民の健康づくりを支援していくこととします。今年度は10月に開催するスポーツフェスティバルに３名のトップアスリートを招聘する予定です。これまでに**認定した葛飾区ゆかりのトップアスリート**は、葛飾区公式ホームページで略歴や活動内容を詳しくご紹介しています。

> 認定したトップアスリートって誰？

　いかがでしょうか。この文章は、待てど暮らせど主演女優が登場しませんね。これでは、首を長くして主演女優の登場を待ちわびていた読み手の期待を裏切ることになってしまいます。

◎ 葛飾区では、「トップアスリート支援事業」を実施しています。これまでに認定された葛飾区ゆかりのトップアスリートは、プロテニスプレーヤーの**西村佳奈美さん**や３度のオリンピックに出場している競泳女子の**渡部香生子さん**をはじめとする17名です。
トップアスリート支援事業とは、葛飾区ゆかりのトップアスリートを区が認定してスポーツ教室などの講師として招聘し、活動費の支援を行うものです。

POINT

主演女優とは、「読み手が最も知りたい情報」のことです。主演女優を早く登場させると、読み手の期待に応えることができ、最後まで読んでもらえないリスクも減ります。

6 独創的な書き出しで 「意外性」を狙う

　書き出しの大切さについては、拙著『一発OK！誰もが納得！公務員の伝わる文章教室』（学陽書房）でも、昇任試験論文の序論を実例としてご紹介しました。今回は前著で触れていない書き出しの「意外性」について考えてみたいと思います。

　書き出しは短いほど良いと私は思っています。できればシンプルに**軽やかな一行**で始めるのが理想でしょう。

延々と続く書き出し

✗　市民一人ひとりの生活スタイルを重視しながら、「仕事」と子育てや介護、地域活動などといった「仕事以外の生活」の調和を図り、**ワーク・ライフ・バランスを実現するために、**市内企業に向けた支援事業や市民向け講座、情報誌の作成・配布、イベントでの啓発活動を実施します。

　書き出しの大切さを意識せずに書くと、このように読み手を退屈させる「ダラダラ文」が完成してしまいます。読むのが苦痛な悪文に出合うと、途中で読むのをやめてしまう人がほとんどです。

　私たち公務員が住民や事業者に向けて書く文章も、オリジナリティを重視した意外性のある書き出しにすることで、読み手の心をグッとつかむことができます。

宣言型の書き出し

○ **ワーク・ライフ・バランスを実現します。**市民一人ひとりの生活スタイルを重視しながら、「仕事」と子育てや介護、地域活動などといった「仕事以外の生活」の調和を図るため、市内企業に向けた支援事業や市民向け講座、情報誌の作成・配布、イベントなどによる啓発活動を実施します。

見出し風の書き出し

◎ **ワーク・ライフ・バランスの実現！ これは、市民一人ひとりの『しあわせ』を重視する本市の重点課題です。**「仕事」「子育て」「介護」「地域活動」の調和を図り、ワーク・ライフ・バランスを実現するために、市内企業の支援事業や市民向け講座、情報誌の作成・配布、イベントなどによる啓発活動を展開していきます。

このように、書き出しを「宣言型」や「見出し風」にするとオリジナリティが生まれ、意外性を醸し出すことができます。また、主題がより明確になるので、とても理解しやすくなります。

POINT

読んで退屈な文章かどうかは、書き出しを見ればわかります。主題がつかめない漠然とした書き出しでは、最後まで読んでもらえないことを肝に銘じましょう。

7 「ドリルの穴理論」で読み手のニーズを満たす

「ドリルを買う人が欲しいのは"穴"である」という格言があります。これは、1968年に出版されたT・レビット博士の著書『マーケティング発想法』によって世に広められたといわれています。

ホームセンターに穴あけ用のドリルを買いにきたお客様に、ほとんどの店員は客のお目当てのドリルを売るために**「どのようなドリルをお探しですか？」**と声をかけるはずです。マーケティングの世界では、これをプロダクトアウト（売り手都合）と呼びます。一方、お客様のニーズを聞き出して最適なドリルを買ってもらおうとして声をかける店員もいます。**「どのような材質のものに穴をあけるのか」「どのようなサイズの穴をいくつあけるのか」「ドリルを使う頻度は？」「近くにコンセントはあるのか」**、これら全ての質問がお客様のニーズを満たすためになされます。これがマーケットイン（買い手都合）の思考回路なのです。

文章も同じです。ともすればプロダクトアウト（書き手都合）になりがちな私たち公務員の思考回路を、マーケットイン（読み手都合）に転換するために、「ドリルの穴理論」は極めて効果的です。**読み手が知りたい内容は何か、読み手が欲しい情報はどんなものかと常に読み手の立場になって考える癖をつければ、読み手のニーズを満たして心を動かすことができるはずです。**

それでは、プロダクトアウト（書き手都合）とマーケットイン（読み手都合）の文章の実例を見てみましょう。

【プロダクトアウトの例】

 今年度は子育て支援事業を拡充し、安心して子どもを預けることができる環境を**整備します。**幼児教育及び保育における多様な市民ニーズに対応するため、多様なサービスを提供できる民設民営の保育園を**拡充します。**地域の保育需要を踏まえて、既存施設を改修する保育事業者に対して施設整備費の一部を**助成します。**

〔読み手が知りたい情報がない〕

【マーケットインの例】

 今年度は子育て支援事業を拡充し、安心して子どもを預けることができる環境を整備します。「核家族化の進行」や「共働き世帯の増加」により、幼児教育及び保育における市民ニーズが多様化しているため、**「産休明け保育」「緊急一時保育」「障害児保育」**など多様なサービスを提供する民設民営の保育園を拡充します。**○○保育園や△△保育園など６施設**の保育事業者に対して施設整備費の一部を助成し、**年度内に多様なサービスの提供を開始します。**

〔知りたい情報が盛り込まれている〕

POINT

読み手は、自分にとってのメリットやデメリットがないかと考えながら文章を読みます。読み手が欲しい情報をしっかりと盛り込んで、読み手のニーズに応えましょう。

8 「フレーミング効果」で行動変容を促す

「フレーミング効果」という言葉をご存知でしょうか。**これは、同じ情報であっても、焦点の当て方によって読み手の印象が変わり、意思決定に影響を及ぼすという現象のことです。**

例えば、首都直下地震が発生した際の「市民の生存率は85%である」という表現と、「市民の死亡率は15%である」という表現を比べた場合、ポジティブフレームにはめ込んだ前者の表現では「自分も大丈夫だろう」と考える人が多いはずです。しかし、ネガティブフレームにはめ込んだ後者のような表現にすると、「自分も危ないかもしれない」と強い危機感を抱くことになります。

このような**「フレーミング効果」を活用して文章を書けば、読み手の心に響き、行動変容を促すことができます。**

ネガティブフレームによる表現

△ この事業に**満足していない市民は、わずか5%**です。

○ この事業の**市民満足度は95%**であり、高い評価となっています。

ポジティブフレームによる表現

5%という数値が極めて低いと感じている担当者ならやりがちですが、不満を感じている人の割合をあえて表現する必要はないでしょう。満足している人が95%もいるならポジティブフレーム

にはめ込んで素直に表現してください。

半分しか終わってない印象

 用地買収の進捗率は、54%である。

 用地買収する100件のうち面談実施済みは60件であり、そのうちの9割（54件）の契約が完了した。

着実に成果を上げていることをアピール

　54%という数値は、面談できていない人も分母に含めて計算されています。60件も面談できているなら、それを分母にして計算すれば、成果を可視化して現場の苦労も表現することができます。

 適度な運動習慣をつければ、生活習慣病のリスクを減らして健康に暮らすことができます。

 このまま運動不足の生活が続けば、生活習慣病のリスクが高まり手遅れになる危険性もあります。

　行動変容を促したい場合には、ネガティブフレームにはめ込んで表現し、読み手に危機感を持ってもらうと効果的です。

POINT

住民・上司・議会に対しては、情報の見せ方が極めて重要です。ポジティブフレームとネガティブフレームを案件によって巧みに使い分けるようにしましょう。

9 「ABC理論」で感情に訴えかける

　寓話「三人のレンガ職人」をご存知でしょうか。

　ある国を訪れた旅人が一本道を歩いていると、一人の男が難しい顔をしてレンガを積んでいました。「何をしているの？」と旅人が尋ねると、「親方の命令で朝から晩までレンガ積みさ。見てのとおり重労働で酷いもんだよ」と答えます。

　旅人がまた歩き出すと、一生懸命レンガを積んでいる別の男がいました。その男はこう答えます。「大きな壁を作るのが俺の仕事さ。大切な家族を養う金を稼ぐために働いているんだ」と。

　旅人がさらに歩いていくと、また別の男が楽しそうにレンガ積みをしています。そして、力強くこう答えたのです。「俺たちは歴史に残る大聖堂を造っているんだ。祝福するため、そして悲しみを払うために大聖堂を訪れる多くの人たちに感謝される本当に素晴らしい仕事だ」と。

　三人のレンガ職人は役割も賃金も同じですが、働く動機や目的意識が全く違います。まず、一人目の男は、親方の命令で働かされており、レンガを積むという「手段」が目的化しています。一方、二人目の男には、家族を養うために金を稼ぐという明確な「目標」があります。そして、三人目の男には、歴史に残る大聖堂を造るという「目標」があるばかりか、たくさんの人に喜んでもらいたいという崇高な「目的」があるのです。

　三人のレンガ職人の感情は、**アルバート・エリスの「ABC理論」**をもとに考えると理解しやすくなります。**ある出来事（A）につ**

いて、**人それぞれの捉え方（B）があり、それが結果としてあらわれる感情（C）に影響を及ぼす**というのが「ABC理論」です。文章も、人それぞれの捉え方があることを前提にして構成を考えれば、解釈を安定させて説得力を高めることができます。

　広報紙やホームページに載せる文章の事例を見てみましょう。

|手段しか述べられていない|

 本市では、**老朽化した学校施設の改築**を進めています。

|目標を示しているが不十分|

 本市では、**教育環境の改善**を図るため、老朽化した学校施設の改築を進めています。

|目的を明確に伝える|

○ 本市では、**児童・生徒の健やかな成長**を促し、**心身ともに充実した学校生活**を送ることができるように、老朽化した学校施設の改築を計画的に進めています。

POINT

「手段」「目標」に加え、「目的」を明確に伝えることで、書き手の意図（A）と読み手の捉え方（B）に齟齬が生じなくなり、感情（C）に訴えかけることもできます。

10 「ザイオンス効果」で相手を説得する

　ある情報に触れる回数が増えると愛着が湧いてきて、その情報に対する好感度はグッと上がるといわれています。これが行動経済学における「ザイオンス効果」です。

　人間は普段の自分を最も平均的な状態にあると認識しています。グラフで表すと、「満足」と「不満足」を縦軸にとり、「損」と「得」を横軸としたとき、自らのあるべき状態「参照点」を縦軸も横軸も中間点（グラフの真ん中）に位置づけています。そして、プラスの要素があれば心が満たされ、マイナスの要素に触れれば不満を感じるようにできています。

　例えば、「係長・課長になったら、この程度の知識は持っていて当たり前です」という研修実施通知が届き、その情報を繰り返して目にすることになったとします。この場合、グラフの縦軸は下の「不満足」、横軸は左の「損」の状態、つまり自らの参照点を下回る「不満足・損」という領域にいるような気分になります。そして、この研修を受講しなければ「損をする」「みんなに置いていかれる」と感じ、受講の申込みをすることになるのです。

　このような「ザイオンス効果」を活用して文章構成を考えれば、相手を説得して行動変容を促すことができます。

 　本日はノー残業デーです。ワーク・ライフ・バランスを実現するため、定時退庁に努めましょう！

◎　本日はノー残業デーです。業務多忙な企画課のＡさんですが、ノー残業デーは必ず定時退庁して、**奥様のために夕食を作る**そうです。ノー残業デーのおかげで**夫婦仲もバッチリ**と笑うＡさん。皆さんもノー残業デーを有効に活用してみてはいかがでしょうか？

ノー残業デーを有効活用する例を紹介

◎　本日はノー残業デーです。ノー残業デーを自己啓発に活用する人が増えています。待望の第一子が生まれた総務課のＫさんは、ノー残業デーを**国家資格チャレンジデー**に位置づけており、定時で退庁して図書館で勉強しています。先日、見事に**一次試験を突破**したそうです。皆さんも、ノー残業デーを活用して新しいことにチャレンジしませんか？

次回は別の例を紹介してアピール

　庁内のメールや掲示板などで、伝える情報を工夫したこのような文章を繰り返し目にすると、次第に「自分もノー残業デーを有効活用しよう」という前向きな気持ちになってくるはずです。

POINT

テレビドラマを見ていると、同じCMが何度も流れることがあります。「しつこい」と思われて逆効果にも感じますが、実は「ザイオンス効果」を狙った巧妙な仕掛けです。

11 「ペルソナ」を設定して説得力を高める

　住民向けの広報記事や議会報告用の資料、さらには新規事業の企画立案書など、説得力が高い文章を求められる機会はとても多くあります。そのような時に、漠然とした読み手に向けて文章を書くのではなく、「ターゲット」を絞って書くと訴求力を高めることができます。そこで、お勧めしたいのが「ペルソナ」の設定です。**「ペルソナ」とはマーケティング用語であり、商品やサービスを利用する架空の人物像をあらわします。「ターゲット」と混同されがちですが、ペルソナはターゲットよりも対象を絞り込んだ、より詳細でリアルな人物像です。**

　マーケティング戦略を練る際に、たくさんのお客様に購入してもらおうとして対象を広げるとコンセプトが定まらず、魅力的な商品を開発することができません。文章を書く際も同様です。

　訴求効果の高い文章で読み手の心をつかもうとするなら、ぜひ身近にいそうなペルソナを設定してから書き始めてください。

　例えば、高齢者の健康づくりを支援するための取組みを広報紙でPRする場合を考えてみましょう。

 本市では、高齢者がいつまでも生き生きとした生活を送ることができるように支援しています。市民スポーツ公園で実施する年2回の体力テストやグラウンド・ゴルフ大会、水中ウォーキング教室など豊富なメニューをご用意しています。ぜひ、ご参加ください。

　確かに高齢者の健康づくりには役立ちそうですが、遠くまで出向かなければならない取組みばかりで、気力・体力ともに充実している元気高齢者しか参加できないですね。漠然とした読み手に向けて文章を書くと、往々にしてこのような結果になります。

　それでは、誰もが気軽に参加できる取組みをアピールするために、ペルソナを設定してみましょう。

【ペルソナ】

森川弘子／78歳／女性／無職／一人暮らし／運動習慣なし／糖尿病治療中／腰痛あり／趣味はガーデニング

◎　高齢者がいつまでも生き生きとした生活を送ることができるように、健康づくりをサポートしています。健康遊具がある**市内30か所の公園**で**毎週水曜日**に健康体操教室を開催しています。健康遊具でからだをほぐしながら、**みんなで会話を楽しみ**、心とからだをリフレッシュしませんか？　**お一人での参加も大歓迎**です。スタッフ一同、笑顔でお待ちしています。

設定したペルソナ以外にも効果的な取組み

POINT

ペルソナを設定して書いた文章は、訴求力抜群。たった一人の架空の人物を満足させるために心を砕いて書いていると、ペルソナ以外にも魅力が伝わる文章になるから不思議です。

12 「ナッジ」を活用して 読み手の心を動かす

　送料が700円のネット通販で、4,000円の商品を買うことになったとします。購入価格の合計が5,000円以上になれば、送料が無料となります。さて、あなたはどうしますか？

　送料を無料にしてもらうために、買う予定がなかった1,000円以上の商品をあわせて購入する人が多いのではないでしょうか。送料は払いたくないという**「損失回避性」**と、安価なものを買い足すだけで送料が無料になるという**「利得追求性」**という人間心理を巧みに利用したこのような販売手法は、行動経済学で**「ナッジ」**と呼ばれます。

　このような手法は、読み手の行動を変容させるための文章を書く際にも、大いに活用することができます。

　事例を見てみましょう。

 本市では、40歳以上の市民を対象に胃がん検診を実施しています。**お得な**助成制度を活用してぜひ受診しましょう。

> 何がお得か具体的にわからない

○ 本市では、40歳以上の市民を対象に胃がん検診を実施しています。自費で受診した場合は7,000円ですが、市の助成制度を活用すると**自己負担額1,000円**で受診

することができます。

◎ 本市では、40歳以上の市民を対象に胃がん検診を実施しています。自費で受診した場合は7,000円ですが、市の助成制度を活用すると**自己負担額1,000円で受診**することができます。さらに、**3年連続で受診した場合は、4年目以降の自己負担額が500円**に減額されます。

〔 利得追求性を意識してアピール 〕

◎ 本市では、40歳以上の市民を対象に胃がん検診を実施しています。受診率は年々増加しており、昨年度は65％でした。しかし、**あなたは3年連続で未受診です。**この状態が続けば、**がんの早期発見が難しくなり、リスクが高まります。**ちなみに、日本における昨年度のがんによる**死亡数は約38万人**です。

〔 損失回避性を意識してアピール 〕

POINT

ナッジの力を借りて好ましい選択を後押しするのは、住民のためにもなります。損失回避性と利得追求性という人間心理を捉え、そっと背中を押すような文章構成を練りましょう。

13 ポジティブ情報を先に伝えて「初頭効果」を狙う

　日常業務において、ポジティブな情報とネガティブな情報を一つの文章で表現する機会は少なくありません。例えば、新規事業を立案する際の企画書や行政評価制度で作成する事務事業評価シートなどをイメージするとわかりやすいでしょう。「メリットとデメリット」「成果と課題」など、ポジティブな情報とネガティブな情報の記載順序を意識せずに書いていませんか？

　事例を見てみましょう。次の①②は、○○小学校を建て替えるか耐用年数である築65年まで使い続けるかを判断するための資料の一部です。それぞれの文章を読んで、どのような印象を持つでしょうか？

ネガティブ情報を先に伝える

① 築年数48年の○○小学校は、**建物の老朽化が進んでおり継続的に実施している大規模改修の費用が本市財政を圧迫し続けている。このため、建て替えを望む強い声が地域から上がり始めている状況である。**一方で、○○小学校の周辺地域では、創立50周年記念事業の実施を視野に入れて商店街が様々なイベントを企画しようとする動きがあり、卒業生や地域住民を巻き込んだ実行委員会の設立が検討されるなど地域活性化の起爆剤になりそうな期待もある。

ポジティブ情報を先に伝える

② ○○小学校の周辺地域では、創立50周年記念事業の実施を視野に入れて**商店街が様々なイベントを企画しようとする動きがあり、卒業生や地域住民を巻き込んだ実行委員会の設立が検討されるなど地域活性化の起爆剤になりそうな期待がある。**一方で、築年数48年の○○小学校は、建物の老朽化が進んでおり継続的に実施している大規模改修の費用が本市財政を圧迫し続けている。このため、建て替えを望む強い声も地域から上がり始めている状況である。

　ネガティブ情報を先に伝えた①と、ポジティブ情報を先に伝えた②では、読んだ印象が明らかに違うはずです。**人間はネガティブな情報に強いインパクトを受け、その情報に引きずられて判断を下すことが多くあります。**しかし、②のようにポジティブな情報を先に伝えることで、そのような傾向が薄らぐのです。つまり、①を読んだ人は早く建て替えるべきだという判断をしがちですが、②を読むと建て替えるべきではないと思う人が増えます。これが社会心理学の**「初頭効果」**です。**判断材料として複数の情報がある場合、初めに提示された情報に強く影響されるという人間心理**をあらわしており、文章を書く際に大いに参考にできるはずです。

POINT

どんな順序で情報を伝えるかは、読み手の判断に強い影響を与えます。自由に順序を入れ替えて、言葉のパズルを楽しみ、自分が読み手ならどんな印象を持つか考えましょう。

14 「ピーク・エンドの法則」を使って謝罪する

　2002年にノーベル経済学賞を受賞したダニエル・カーネマンは**「ピーク・エンドの法則」を提唱しました。ある事柄を経験した人の記憶に強く残るのは、感情が高ぶったピークの場面と、物事を締めくくるエンドの場面であり、それらが全体の印象を決定づける**というものです。

　文章を書く際も、ピーク・エンドの法則を活用することができます。業務上のミスを報告するための文書を考えてみましょう。

ピークの後にすかさず謝罪

◎　市民150人分の個人情報が入ったUSBメモリを滞納整理課の職員が紛失するという事案が発生いたしました。週末に自宅で滞納整理台帳を作成しようとした職員がUSBメモリをかばんに入れて退庁し、職場の仲間と居酒屋に立ち寄りました。その後、カラオケボックスに移動する際に、かばんがないことに気づき、すぐに居酒屋に戻りましたが見つけることができなかったため、警察に遺失届を提出いたしました。【ピーク】**この事案が発生したことで、市民の皆様には多大なるご迷惑とご心配をおかけいたしました。心からお詫び申し上げます。**市ではこのUSBメモリに個人情報が入っていた150人に対して、経緯の説明と謝罪をいたしました。現段階では個人情報が外部に流出したり、

悪用されたなどの情報は入っておりませんが、引き続き情報の把握に努めてまいります。【再びピーク】

今後は、情報管理に関する研修を全職員に受講させるとともに、個人情報の全管理者で構成する対策会議を定期的に開催するなどの再発防止策を徹底して、市民の皆様からの信頼を回復できるように努めてまいります。この度は、誠に申し訳ございませんでした。重ねて心よりお詫びを申し上げます。【エンド】

再度謝罪で締めくくる

　この謝罪文を読んだ市民は、経緯を読んだ段階で「怒りのピーク」に達するはずです。そこで、いったん真摯に謝罪する文章を挟みます。その後に事後対応についての説明文を載せますが、そんな対応で本当に大丈夫なのかという「怒りのピーク」が再び訪れます。そこで再発防止策の徹底について記載し、最後に再び謝罪して文章を締めくくることで、読み手の怒りを和らげます。

　個人情報が入ったUSBメモリを紛失するという事案は、全国的に後を絶ちません。とうとう自分が住んでいる自治体でも起きてしまったかと、住民を落胆させることがないように注意する必要がありますが、このような悪い報告をする場合は、「ピーク・エンドの法則」を意識して書くとよいでしょう。

POINT

行列のできる飲食店では、おいしい料理を食べて感動したピークと食べ終えて満足したエンドが強く印象に残るため、長時間並んだ苦痛はさほど記憶に残らないとされています。

15 「付加価値」を添えて読み手の心をつかむ

　人間は、プラスアルファの価値（付加価値）を見出して納得すれば行動を起こします。例えば、あるラーメンチェーン店では、次回利用できる大盛り無料券を会計時に配っていました。いつも大盛りを注文する人にとっては、とても魅力的なサービスです。しかし、この券の配布が終了して大盛り無料という付加価値がなくなったことで、他の店に行くようになった人も少なくありません。付加価値の有無は人間の行動に強く影響を及ぼすのです。

　それでは、予算をかけずに文章で付加価値を添えることは可能なのでしょうか。事例を見てみましょう。

 本市では、地域の子どもたちを見守る防犯パトロールのボランティアを募集しています。**ボランティア保険に加入するための保険料は、市が負担いたします。**

　　　　　　　　　　　　［魅力に欠ける内容］

　このような募集文に付加価値を添えるとしたら、次のような要素が考えられるでしょう。

- ・10名程度のグループで活動するので安心だ
- ・子どもたちが犯罪に巻き込まれるのを未然に防げる
- ・友達づくりや運動不足解消にも最適だ
- ・社会のための活動なのでやりがいがある
- ・老後の生きがいづくりにもなる

◎ 本市では、「子ども見守り隊」として活動するボランティアを募集しています。子どもたちが犯罪に巻き込まれるのを防ぐために、10名程度のグループで巡回パトロールをしていただきます。社会のために活動することを生きがいにしてみませんか。友達づくりや運動不足解消にも最適です。お一人でも、お仲間と一緒でも構いません。たくさんのご応募をお待ちしております。なお、ボランティア保険に加入していただきますが、保険料は市が全額負担いたします。

> 予算をかけずに付加価値を添える

　抽選で豪華賞品をプレゼント、地域ポイントを進呈などという海老で鯛を釣るような付加価値ではなく、**社会や地域への貢献、生きがいづくり、健康づくりなど予算が不要な付加価値を添えて良心に訴えかける方法もあります。**

　機械的に文章を書くのではなく、読み手の心をつかむための付加価値がないか、柔らかい頭で考えましょう。

POINT

住民が納めた血税を使って海老で鯛を釣ろうとするような取組みも散見されますが、予算ゼロのアイデア勝負でも付加価値は生み出すことができます。

【第5位】
○○が不明

　公務員の仕事は、「文書に始まり、文書に終わる」といわれます。軽微な事案を除き、文書を作成しなければならないという「文書主義の原則」があるからです。この文書を作成する過程で、誰もが犯しがちなミスを「公務員の文章あるある」としてご紹介します。

　「公務員の文章あるある」第5位、表題の○○に入るのは「主語」。つまり、「主語が不明」です。文章を書き進めていく過程で、無意識に主語を省略してしまう人は意外に多いものです。例えば、次のような事例があります。

 遠方にお住まいの**高齢者や障がい者は**、自力で接種会場まで移動するのが困難であり、訪問医療によるワクチン接種を検討している。

　この文は、途中で主語が変わります。しかし、後半の主語が省略されているため、読み手に疑問を抱かせることになります。それは、訪問医療による接種を検討しているのが高齢者や障がい者ご本人なのか、それとも自治体や医療機関なのかという疑問です。

　主語の省略が解釈のブレを生み、読み手に誤解を与えます。

 遠方にお住まいの**高齢者や障がい者は**、自力で接種会場まで移動するのが困難なので、**市は**訪問医療によるワクチン接種の実施を検討している。

　主語は省略せず、しっかりと明記するようにしましょう。

第 2 章

行動変容を後押しする！

住民の心を
動かすコツ

16 書き出しで「インパクト」を与えてアピールする

　書き出しのインパクトは、とても重要です。ありきたりでつまらない書き出しだと、きっと退屈な内容に違いないと思われ、途中で読むのをやめる人がいるからです。

> ✕ **子どもが健やかに育つまちづくりについて**
> **子どもが健やかに育つまちづくり**を進めるために、本市が重点的に取り組んでいるのは、保育所の待機児童の解消です。昨年度から○○工場の跡地で建設中のタワーマンションの事業者と協議を続けてきた結果、この度、マンション1階に定員60名の私立認可保育所を整備することとなりました。引き続き、**子どもが健やかに育つまちづくり**を推進してまいります。

　このように、タイトルや見出しのオウム返しで書き始めるのは芸がありません。

> ◎ **子どもが健やかに育つまちづくりが進んでいます**
> **元気いっぱいの子どもたちに朗報です！　タワーマンション1階に定員60名の私立認可保育所が誕生することになりました。**
> ○○工場の跡地で建設されているタワーマンションの事業者と市は、昨年度から保育所を設置するための協

議を続けてきましたが、この度、無事に協議が整った
ことから、いよいよ来年4月にオープンする運びとな
りました。
これを契機として、保育所の待機児童を解消するため
の取組みをさらに積極的に推進してまいります。

「子育ては未来への投資」という言葉があるように、ワクワク
するような書き出しで住民に伝えるのも悪くありません。

◎ **子どもが健やかに育つまちづくりが前進！**
子育てが楽しくなる！　そんなまちの実現を目指し
て、待望の新しい保育所が来年4月にオープンします。
○○工場の跡地に建設中のタワーマンションの事業者
と市は、昨年度から保育所の開設に向けた協議を続け
てきましたが、この度、無事に協議が整いました。
定員60名の私立認可保育所がタワーマンション1階
に誕生することになります。

最初の一文に、「子育てが楽しくなる！」「待望の」「新しい」
という明るいフレーズを盛り込んで、SDS法（86頁参照）で作成
しました。わかりやすくて印象に残る文章構成になったはずです。

POINT

行政側の視点からではなく、子どもや親の視点で書き出しを
考えてみてください。柔らかい発想でインパクトがある言葉
を紡ぎ出すことができるはずです。

17 冒頭で「道標」を示して 主旨を理解してもらう

　長い文章を読むのは苦痛です。根気よく読まないと内容が理解できないため、多くの読み手は途中で読むのをやめてしまいます。せっかく書いた文章なのに、最後まで読んでもらえなければ、目的を果たすことができません。そこで、**書き出しで文章全体の道標を示す工夫が必要**となります。

　例えば、次のような住民向けのメッセージを広報紙とホームページに載せたとします。

日常生活のあらゆる場面で、私たちはCO_2を排出しています。CO_2は石油や石炭などの化石燃料を燃焼させることで発生します。私たちの日常生活や経済活動で欠くことのできない電気をつくるためにも化石燃料が使用されているのです。

したがって、脱炭素社会を実現するためには、私たちの日常生活や経済活動のあり方を抜本的に見直さなければなりません。

例えば、製造・消費・処分のそれぞれの段階でCO_2が排出されるプラスチック対策や食品ロス対策を徹底し、省エネのさらなる推進と再生可能エネルギーの利用を促進する必要があります。

世界的な気候変動の影響により、熱波や干ばつ、山火事、豪雨など様々な災害が発生しており、多数の死者

と莫大な経済損失が発生しています。誰一人として取り残さない「持続可能な開発目標（SDGs）」を達成するために、経済、社会、環境を調和させ、官民が緊密に連携して取り組んでいく必要があります。

この文章は、SDGsの達成に向けて官民が連携して脱炭素社会の実現に取り組むという強いメッセージを発信しています。しかし、道標を掲げないまま唐突にCO$_2$の排出についての説明を始めているため、「結局何が言いたいの？」と読み手である住民を退屈させてしまいます。

文章の冒頭で、次のような道標を示してから書き出すと住民も主旨を把握しやすくなり、最後まで読んでもらえます。

核心を突く書き出し

○　**世界は深刻な気候変動に直面しており、地球温暖化対策が正念場を迎えています。脱炭素社会の早期実現に向けて、今まさに社会全体が大胆かつ迅速に転換を図っていくことが不可欠です。**
日常生活のあらゆる場面で、私たちはCO$_2$を排出しています。……（以下略）

POINT

これから何について書こうとしているのかを、あらかじめ示すことで、読み手は次の展開を予測しながら読み進めることができるようになります。「道標」の効果は絶大です。

18 「なぜなぜ分析」を行って根本原因を伝える

「なぜなぜ分析」という問題解決のフレームワークをご存知でしょうか。ある課題が発生したときに、**「なぜ?」という問いかけを繰り返して根本的な原因を探り、真の解決策を導き出します。**

用地買収を伴う都市計画道路事業を例に挙げてみましょう。

> ⚠ 都市計画道路第○号線は、事業認可された5年間で工事を完了させることができなかったため、3年の認可延伸を行うこととなりました。期間内の完了に向けて鋭意工事を進めてまいります。

広報紙やホームページにこのような文章を載せた場合、読んだ住民はどのように感じるでしょうか? 「なぜ5年で終わらなかったの?」「なぜ3年も延伸する必要があるの?」と、住民の頭には次々と疑問が湧いてくるはずです。

それでは、「なぜなぜ分析」を行ってみましょう。

【課　題】事業認可期間5年で工事が完了しなかった。

- -

【なぜ①】用地買収を完了させるのに4年を要した。

- -

【なぜ②】権利者が移転先を探すのに難航した。

| 【なぜ③】50件のうち17件が商店を営んでいた。 |
| 【なぜ④】商店に適した空き物件が見つからなかった。 |
| 【原　因】商業地域の空き物件は少ない。 |
| 【解決策】事業開始前に市が代替地を確保しておく。 |

　このように「なぜなぜ分析」を行ったうえで文章を組み立てると、読んだ住民にも理解してもらいやすくなります。

◎　都市計画道路第○号線は、事業認可された5年間で工事を完了させることができなかったため、3年の認可延伸を行うこととなりました。
　商店を営む権利者の移転先となる物件が少なく、用地買収に4年を要したことが主な原因です。【原因】
　工事には電線類の地中化を含めて4年の工期を要するため、3年の認可延伸を行う必要があります。【理由】
　今後、用地買収が必要な事業に着手する際には、市が代替地を確保するなどの対策に努めます。【解決策】

POINT

真の解決策を導き出せたか確認する際は、「だから」を付けて「原因」から「事象」へと遡ります。確認後は、「なぜなぜ分析」で抽出された事象をうまく文章に盛り込みましょう。

巧みな「体言止め」で住民の心を動かす

　述語を省き、名詞や代名詞で文を打ち切るのが体言止めです。字数に制約があったり、文章にリズム感が欲しい場合に使われます。私が書いた事例をご紹介しましょう。

　画竜点睛を欠く。これは「がりょうてんせいをかく」と読む**故事成語。**絵の中の竜に目が描かれていないという意味であり、仕上げ段階で大切なものが抜け落ちて台無しになっていることの**例え。**寺に飾る壁画を描いてほしいと頼まれた中国の有名な**画家。**彼が描いたのは4頭の**白い竜。**それを見に来た人が不思議に思い、なぜ目を描かないのかと尋ねる。すると画家は真顔で答えた。目を入れると白い竜は飛んで逃げていってしまうと。半信半疑の人々は目を描いてほしいと**懇願。**画家がしぶしぶ筆を動かして竜の目を入れると、なんと目を描かれた竜だけが空へと舞い上がる。そして逃げていった。さて、白い竜に目を入れるのは、文章ではどんな行為だろう。それは**推敲。**発信する前に文章に魂を入れる大切な行為だ。書き手によって魂を入れられた文章は、白い竜のように読み手のもとへと飛んでいき、書き手の意図を伝えてくれるのだ。

　いかがでしょうか。6回の体言止めを用い、小気味よいテンポで文章を展開してみました。それでは、住民向けの広報で体言止めを使うとどうなるか、事例を見てみましょう。

省エネや省資源に家族ぐるみで取り組むことを宣言した家庭を認定するのがエコチャレンジ認定制度です。日常の省エネ行動や省エネ機器の購入など、あなたも環境に配慮したライフスタイルに転換しませんか。優れた成果があった家庭は、エコマイスターとして市が認定します。いよいよ4月から始まります。

　広報紙やホームページで住民に広報する場合は、このような文体にすることが多いはずです。しかし、新しい制度の導入をアピールし、参加してもらおうとするなら、この文体では物足りなさを感じます。

　体言止めを効果的に使って、パンチを効かせてみましょう。

◎ 省エネや省資源に家族ぐるみで取り組むことを宣言した家庭を認定する**エコチャレンジ認定制度。**
日常の省エネ行動や省エネ機器の購入など、あなたも環境に配慮したライフスタイルに転換する**チャンス。**
優れた成果があった家庭は、エコマイスターとして市が認定します。いよいよ4月から**スタート！**

> 体言止めでリズムを生む

POINT

住民の心を動かしたい場合は体言止めの使用を考えてみてください。ただし、述語の省略によって「肯定」「否定」の解釈が分かれる場合は体言止めを使用できません。

20 「倒置法」を駆使して印象深い文章にする

　文章を構成する語句を、通常の語順から入れ替えることによって、文末を強調するのが「倒置法」です。例えば、「君が書いた文章は秀逸だね。」という文は、倒置法を使って表現すると「秀逸だね、君が書いた文章は。」となり、文末に置いた「主語」を際立たせることができます。

　このような手法は、日常業務で用いる場面はないと思われがちですが、そんなことはありません。住民に向けたメッセージ文で倒置法を用いると、極めて印象深いものにすることができます。

▲　埋立処分場の延命化のために、3Rを推進しましょう。

○　3Rを推進しましょう。埋立処分場の延命化のために。

　倒置法を用いることで、埋立処分場の延命化という「目的」がさらに強調されました。

　それでは、住民向けに事業の説明をした文章の事例を見てみましょう。

○　ゆりかご面接は、妊娠中から切れ目なく継続的に妊婦さんを支援する取組みの一環で、保健師・助産師・看護師等の専門職が妊婦さんの相談に乗ります。**「ゆりかご」に揺られた赤ちゃんが安心して眠る光景を妊婦**

> さんがイメージできるように専門職が寄り添うこと
> で、【手段】妊婦さんが抱える不安や悩みを軽減し安
> 心して出産を迎えられるようにします。【目的】

　これはオーソドックスな事業説明文であり、特に問題はありま
せんが、倒置法を使うことで説得力を高めることができます。

> ◎　ゆりかご面接は、妊娠中から切れ目なく継続的に妊婦
> さんを支援する取組みの一環で、保健師・助産師・看
> 護師等の専門職が妊婦さんの相談に乗ります。**妊婦さ
> んが抱える不安や悩みを軽減し、安心して出産を迎え
> られるようにするものです。【目的】**
> **「ゆりかご」に揺られた赤ちゃんが安心して眠る光景
> を妊婦さんがイメージできるように、専門職が親身に
> なって寄り添います。【手段】**

　「手段」「目的」の順に構成されていた文章を、倒置法によって
「目的」「手段」の順に入れ替えて、「手段」で締めくくる文章に
しました。これにより、「専門職が寄り添う」という「手段」が
より強調され、読み手の印象に残りやすくなりました。

POINT

住民向けの文章は「手段」と「目的」で構成されますが、ど
ちらを強調すべきかじっくりと考えてください。住民は、「何
をしてくれるか（手段)」を重視する場合もあります。

21 インパクト抜群の 「比喩表現」で心をつかむ

　前項の「倒置法」と同様に、ビジネス文書では「比喩表現」を使うべきでないという風潮が根強く残っていますが、**わかりやすさやインパクトを重視する場面**では活用してもよいでしょう。

　広報紙やホームページ、ポスターなどで生涯学習セミナーの参加者を募集するケースを想定してみましょう。

いつまでも学ぶ意欲を失わない高齢者を応援するために、生涯学習セミナーを開催します。
講師の○○さんはアイデアマンであり、次々にヒット商品を生み出してきた商品プランナーです。
奮ってご参加ください。

いつまでも学ぶ意欲を失わず、新しいことにチャレンジし続ける元気な高齢者を応援するために、生涯学習セミナーを開催します。
講師の○○さんは、自他ともに認めるアイデアマン。**まるでドラえもんがポケットから便利な道具を取り出すように、**次から次へとヒット商品を生み出してきたカリスマ商品プランナーです。
ドラえもんのひみつ道具のようなワクワクするトークを、ぜひ会場でご堪能ください！

さらに事例を見てみましょう。夏休み防犯パトロールの実施結果を広報紙やホームページで周知する場合も比喩表現を用いることができます。

△　自治町会や商店街、PTAの皆さんと市が協働して、夏休み防犯パトロールを実施しました。
環境と犯罪は密接に関わっていますので、市民の皆さんも犯罪が生まれない環境づくりにご協力をお願いします。

◎　「犯罪の芽は小さいうちに摘もう！」が合言葉です。
自治町会や商店街、PTAの皆さんと市が協働して、夏休み防犯パトロールを実施しました。
たった1枚の割られた窓ガラスをそのままにしておくと、割られる窓ガラスが次々に増えて、いずれ街全体が荒廃してしまうという「割れ窓理論」があるように、環境と犯罪は密接に関わっています。
市民の皆さんも「不法投棄を放置しない」「不審者を見かけたら通報する」など犯罪が生まれない環境づくりにご協力をお願いします。

POINT
村上春樹さんの著書は、比喩表現の宝庫です。『ノルウェイの森』には、次の一文があります。「両手を床について前かがみになり、まるで吐くような格好で泣いた」と。

22 「修辞疑問」を効果的に 使い住民の共感を得る

　伝えたいことを強調するために、あえて疑問形で表現するレトリックを「修辞疑問」と呼びます。**正しいことを否定の疑問形で表現して「肯定」の意味合いを強めたり、間違っていることを肯定の疑問形で表現して「否定」の意味を強調します。**

　窓口に置く住民向けのリーフレットは、修辞疑問を使って訴えかけるのに適しています。事例を見てみましょう。

【財政課】行財政改革への協力を求めるリーフレット

◎ **これまで本市の財政基盤は安定していたため、景気の低迷が長期化しても大丈夫だといわれてきましたが、果たして本当にそうでしょうか？**
本市の税収は、ここ数年大きく落ち込んでおり、市民サービスの低下を招きかねない厳しい状況となっています。このため、行政評価制度を活用して事業に優先順位をつけ、重要度や緊急性が高い事業に予算を重点配分しています。
引き続き、行財政改革を断行しながら徹底した内部努力を重ね、困難を乗り切ってまいりますので、市民の皆様のご理解とご協力をお願いいたします。

　このように冒頭に修辞疑問を置くことにより、文章全体の説得力が高まり住民に共感してもらいやすくなります。

【建築課】液状化対策助成のリーフレット

◎ **今後30年以内に70％の確率で発生するといわれている首都直下地震が、本市に甚大な被害をもたらすのではないかと不安になりませんか？**
本市では、液状化対策工事費の助成や木造住宅の耐震診断助成を行っています。詳細は下記のとおりです。「備えあれば憂いなし」「転ばぬ先の杖」ともいわれている防災対策について、ぜひ窓口でご相談ください。

【人事課】職員採用試験の受験を勧奨するリーフレット

◎ **公務員ほど安定した職業があるでしょうか？**　景気の変動に強い影響を受ける民間企業に比べ、公共の福祉を追求するという信念を持って全体の奉仕者として働くことができます。水と緑豊かな○○市には、皆さんが躍動するための広大なフィールドが整っています。**○○市で、皆さんの「やりがい」を「生きがい」に変えてみませんか？**（令和5年度採用・事務職・女性）

　このように、書き出しと結びに違うタイプの修辞疑問を用いると、より訴求効果が高まります。

POINT

修辞疑問を巧みに使うと、読み手は自ら気づきを得たような感覚になります。ただし、曖昧な使い方をすると不誠実な印象を与えかねないので注意が必要です。

23 「裏付け」となる数値データで惹きつける

　「工事着手に向けて用地買収は着実に進捗している」などと、言葉だけを淡々と書き連ねても読み手の心には響きません。しかし、「用地買収の進捗率は80％であり、残り10件まで進捗した」と、進捗したことを裏付ける**数値データを示せば、より具体的にイメージできる**ので読み手に理解してもらいやすくなります。

　事例を挙げてみましょう。

　加齢により心身の活力が低下し、要介護のリスクが高くなった状態をフレイルと呼んでいます。

　フレイルは運動不足や低栄養などの「身体的要因」だけでなく、認知機能低下やうつなどの「心理的要因」、さらには引きこもりや孤食などの「社会的要因」によって誘発されるといわれています。

　本市では、これらの三つの要因に着目したフレイル予防支援事業として以下の取組みを行っています。

①公園の健康遊具によるストレッチ教室

②水辺を散策！　ハツラツウォーキング教室

③ゲームと歌で認知症予防教室

　お友達を誘って、奮ってご参加ください。

　広報紙やホームページで参加者を募る場合、このような文章構成にすることが多いはずです。しかし、フレイル予防の大切さを

裏付ける数値データを示すことができれば、より効果的です。

数値データを示す

◎ 加齢により心身の活力が低下し、要介護のリスクが高くなった状態を「フレイル」と呼んでいます。日本人高齢者のフレイルの割合は**8.5％**ですが、「プレフレイル」の割合は**40.5％**となっており、フレイル予備軍が多いことがわかっています。

昨年10月に実施した本市の調査では、意識的にフレイル予防に取り組んでいる人は**29.3％**でしたが、きっかけがあれば取り組みたいと考えている人は**39.6％**で、とても高い割合となりました。

そこで、フレイル予防のきっかけにしてもらうために「手軽に始めてムリなく続ける」を合言葉に、様々なフレイル予防教室を開催しています。参加者の皆さんの満足度が高い**人気ベスト３**は、以下のとおりです。

【第１位】公園の健康遊具によるストレッチ教室

【第２位】水辺を散策！　ハツラツウォーキング教室

【第３位】ゲームと歌で認知症予防教室

一人でも気軽に参加できますので、奮ってご参加ください。

POINT

裏付けとなる数値データは、説得手段として効果的に働いてくれます。講座や教室のメニューも「人気ベスト３」などと紹介すれば住民の好奇心をくすぐることができるでしょう。

24 品詞を揃えて住民の「腹落ち度」を上げる

　語句を並列表記する際、特に注意しなければならないのが、品詞を揃えるということです。しかし、名詞と助動詞を並列させて同じ述語で受けているような文章を目にすることが少なくありません。事例を見てみましょう。

 児童生徒の学力を向上させるためには、ICTの**活用**と、習熟度別に授業を**実施したり**、一人ひとりが家庭学習に**取り組むこと**が、極めて重要である。

> 品詞がバラバラ

　この事例は、三つの事柄が並列されていますが、**「活用」は名詞、「実施したり」は動詞＋助動詞、「取り組むこと」は名詞化された動詞**です。品詞が三様ですが、「極めて重要である」という表現で受ける形になっています。

　品詞を揃えてリメイクしてみましょう。

○ 児童生徒の学力を向上させるためには、ICTの**活用**や習熟度別授業の**実施**、一人ひとりの家庭学習の**取組み**が極めて重要である。

　このように、並列する語句の全てを名詞で統一すると、わかりやすくて明快な文になります。

○ 児童生徒の学力を向上させるためには、ICTを**活用すること**、習熟度別授業を**実施すること**、さらには一人ひとりが家庭学習に**取り組むこと**が極めて重要である。

動詞に「こと」を付けて名詞化すれば、品詞が揃います。

次のように、品詞は揃っているのに性質やレベルの違う語句を並列表記している事例も散見されます。

 社会のグローバル化により、語学力やコミュニケーションスキル、**学習意欲、積極性、探求心**がある人材を育成することが学校教育において求められています。

このように、「スキル」と「マインド」という異質な語句を並列すると、読後感が悪い文章になってしまいます。

○ 社会のグローバル化により、語学力やコミュニケーションスキルを高めるだけでなく、**探求心を持って積極的に学習する意欲あふれる人材**を育成することが、学校教育において求められています。

POINT

よく見かける「地震や風水害から命を守る行動」という表現も、正しくは「地震や台風、大雨などの災害から命を守る行動」です。語句が対等な関係になっているか確認しましょう。

25 あえて「反対論」も 紹介して客観性を示す

　読み手によって意見が分かれるようなテーマについて書く場合、一方的で独りよがりな文章だという印象を持たれないように、あえて「反対論」を登場させるという手法をとることがあります。

　例えば、「成人となる年齢が18歳に引き下げられることになった。なぜなら、社会的自立を促し大人としての自覚ある行動をとらせることができるからだ。この点、消費者問題に詳しい専門家などには、成人年齢は引き下げるべきでないとする意見も根強く残っている。しかし～」という具合に文章を展開することで、客観性をアップすることができます。

　新型コロナウイルス感染症の収束が見込めないことから、市民納涼花火大会は中止することといたしました。市民の皆様のご理解をお願いいたします。

　このような文章が広報紙に載ると、中止の決定を一方的に告知されたような後味の悪い印象を受けます。しかし、**反対意見も紹介すると、一方的な告知という印象を和らげることができます。**

反対意見もふまえて検討したことをアピール

◯　今年度の市民納涼花火大会は中止することといたしました。花火大会実行委員会では、**新型コロナウイルスの感染防止対策を徹底して実施すべきだとする意見や**

秋の実施に向けた可能性を模索するべきだという意見も出ましたが、現段階では新型コロナウイルスの感染収束が見込めないことや来場者の安全確保が困難であることから、中止せざるを得ないとの結論に至りました。市民の皆様のご理解をお願いいたします。

このようにあえて反対意見を紹介すれば、中止は苦渋の決断だったことが住民にもしっかりと伝わります。

さらに事例を見てみましょう。

○　学校教育のデジタル化を推進し、ICT環境の整備を加速するために、来年度から児童・生徒に一人1台のタブレット端末を貸与します。

動画や音声を使うことで授業の幅が広がるだけでなく、ネットリテラシーを高める効果も期待できます。

一方で、いじめの温床となることや個人情報の漏えいを危惧する意見もあります。IDやパスワードを適切に管理し、情報セキュリティ対策を徹底しながらタブレット端末の効果的な活用を推進していきます。

リスクも認識していることをアピール

POINT

反対意見に触れるのは御法度だと思われがちですが、賛否が分かれる案件の場合は、反対意見にも配慮しながら実施することを明記すれば、読み手の納得感が高まります。

26 「ネガティブアプローチ」で住民の尊い命を守る

「正常性バイアス」という心理用語があります。人間の脳には心を平穏に保つための防御作用が備わっているため、危険な状況に直面しても「自分は大丈夫だ」という偏見に支配されてしまいます。例えば、自分がいる建物で火災報知機が作動しても「故障かいたずらだろう」「訓練かもしれないな」と、都合の良い解釈をしてしまいます。これが「正常性バイアス」です。

2003年に韓国で地下鉄放火事件があり、192人の尊い命が失われましたが、このときも周りの人が避難していないから「自分も大丈夫だろう」という正常性バイアスが働いた乗客たちが、鼻や口を押さえながら車内でしばらく待機していたために犠牲になったといわれています。

このような偏見から住民の命を守るためには、「ネガティブアプローチ」をするのが効果的です。東京都の東部低地帯「海抜ゼロメートル地帯」に位置する江戸川区は、2019年に改訂した水害ハザードマップの表紙に**「ここにいてはダメです」**という文言を載せて、早めの避難によって自らの命を守る行動をとるよう住民に促しました。また、**「区のほとんどが水没」「あなたの住まいや区内に居続けることはできません」**という過激な表現を用い、河川が氾濫した際の悲惨な状況を訴えています。これが「ほとんどの地域が浸水します」「早めに避難しましょう」という通常の表現だったらどうでしょうか？　ネガティブアプローチがいかに効果的で、心に響くものであるか理解できるはずです。

△ 地震への備えは万全ですか？ **マグニチュード７クラスの首都直下地震は、今後30年以内に70％の確率で発生するといわれています。** 建物の耐震診断・耐震補強、液状化対策、ブロック塀の生け垣化、消火器の配備など、日頃から地震への備えをお願いいたします。

> 平板な記述で危機感が伝わらない

○ **死者6,148人という被害想定に、あなたもカウントされているかもしれません。**

東京都防災会議は、都心南部直下地震が発生した際、火災や倒壊等の建物被害が19万4,431棟、死者6,148人、帰宅困難者453万人とする被害想定を発表しました。

老朽化したマンションの倒壊や大規模な延焼火災の発生など、あなたの身の周りでも「想定外」のことが起こるかもしれません。

建物の耐震診断・耐震補強、液状化対策、ブロック塀の生け垣化、消火器の配備など、**自らの命を守るために**日頃から地震への備えをお願いいたします。

POINT

住民の尊い命を守るには、「正常性バイアス」や「多数派同調バイアス」と対峙する必要があります。広報紙などで「恐怖喚起メッセージ」を発信し続けるのは効果的です。

27 「クイズ形式」の文章で住民の好奇心をくすぐる

　広報紙やホームページには、住民に向けたメッセージがたくさん載っていますが、どれだけ住民の心に届いているでしょうか。

　皆さんは、読み手である住民の立場になって、わかりやすく工夫して書いていますか？　書き手の自己満足で終わっていませんか？

　読み手本位の文章構成にするためにお勧めしたいのが「クイズ形式」です。**本題に入る前に、クイズのように質問を投げかけることで住民の好奇心をくすぐり、課題を共有してもらいます。**このテクニックを駆使すれば、クイズに正解した住民だけでなく不正解の住民にも興味深く読み進んでもらうことができます。

　予算編成の基本的方針を住民にわかりやすく説明するために書いた文章の事例を見てみましょう。

> ⚠ 政府は生産年齢人口を増やすために、現在の合計特殊出生率1.3を1.8にする目標を掲げています。その実現に向けてメリハリのある予算編成を行います。特に、共働きで子育てしやすい環境の整備や、子育て世帯の経済的負担の軽減を図るための施策に重点的に予算を配分しました。

硬い文章構成で説得力がない

クイズ形式でわかりやすい！

○ **日本は「人口減少時代」に突入したといわれています。2008年に１億2,808万人とピークに達した日本の人口は、2100年には何人になると思いますか？【質問】**
私たちが考えている以上に少子化の影響は深刻です。**2100年の日本の人口は4,959万人と予測されており、5,000万人を下回る見込みとなっています。【解答】**
政府は生産年齢人口を増やすために、現在の合計特殊出生率1.3を1.8にする目標を掲げており、その実現に向けてメリハリのある予算編成を行います。
特に、共働きで子育てしやすい環境の整備や、子育て世帯の経済的負担の軽減を図るための施策に重点的に予算を配分しました。

　いかがでしょうか？　人口減少時代を迎えたという認識はあったとしても、これほどのスピードで減少していくと思っている人は多くないはずです。「クイズ形式」にして、そのことを理解してもらうのです。そうすれば、厳しい財政状況にあっても子育て支援の事業に重点的に予算配分することへの理解も得られます。

POINT

「クイズ形式なんて不謹慎！」という頭の固い上司がいるかもしれませんが、私たち公務員が住民に向けて書く文章は、理解してもらってナンボです。

28 「セリフ効果」によって臨場感を演出する

　書き出しにセリフを用いると、読み手の好奇心をくすぐり、感情移入させることができます。書き出しが命だといわれる小説にも、インパクト抜群のセリフで始まるものが多くあります。代表的なのは小林多喜二の『蟹工船』で、次のような書き出しになっています。

> 「おい、地獄さ行ぐんだで！」二人はデッキの手すりに寄りかかって、蝸牛が背のびしたように延びて、海を抱え込んでいる函館の街を見ていた。

　広報紙やホームページに載せる住民向けのメッセージもセリフで始めるようにすれば、臨場感が生まれて説得力が高まります。

△　東京都は、2018年5月に開催した国際会議「きれいな空と都市 東京フォーラム」において、2030年の都内の乗用車新車販売台数に占めるゼロエミッション・ビークル（ZEV）の割合を50％とする目標を掲げました。
　この目標を達成するため、二酸化炭素等の排出ガスを出さない電気自動車（EV）を始めとするゼロエミッション・ビークルの普及促進に積極的に取り組んでいます。

◎ 「世界最高峰の電気自動車レース『フォーミュラE』の2024年の開催を目指し、関係者と協議を進めてまいります。」令和4年第三回都議会定例会の所信表明で、小池百合子東京都知事はこのように述べました。東京都は、走行時に二酸化炭素等の排出ガスを出さない電気自動車（EV）を始めとするゼロエミッション・ビークル（ZEV）の普及促進に積極的に取り組んでいます。そして、2030年の都内の乗用車新車販売に占めるZEVの割合を50％まで高めるとする目標を掲げ、ZEVの普及に係る諸施策を推進しています。

小池都知事の発言にあったフォーミュラEの東京開催が実現すれば、モータースポーツファンの夢でもある「日本初の公道レース」を都民の皆様にお見せできるかもしれません。

この取組みを起爆剤にして、ZEVへのシフトを急速に進めてまいります。引き続き、東京都の環境施策に対する皆様のご理解とご協力をお願いいたします。

　このように文章の冒頭に首長の発言を入れると、住民に対する力強いメッセージになるだけでなく、その後の文章も興味深く読んでもらうことができます。

POINT

宮沢賢治の『銀河鉄道の夜』は、午後の授業で先生が生徒に問いかける場面から始まります。「セリフ効果」によって、まるで自分も授業を受けているような気分になります。

29 「著名人の金言」を引用して説得力を倍増させる

　著名人が発した優れた言葉は、私たちが行動するうえでの規範となるため「金言」といわれています。この**金言を住民向けのメッセージに用いると説得力が格段に高まります。**

　事例を見てみましょう。

◎　犬の散歩や買い物に行く際、「ながらパトロール」をしていただける方を募集しています。

　防犯パトロールには、犯罪を抑止する効果があるといわれています。現在、自治町会やPTAが自主防犯組織として精力的に活動していますが、地域を見守る活動の輪を広げるために「ながらパトロール」にご協力いただける方を募集することになりました。

「防犯パトロール実施中」と書かれたベストや自転車の前かごに付けるプレート、自動車用のマグネットプレートをご用意してお待ちしています。

「悲観的に準備し、楽観的に対処せよ」という危機管理の金言があります。起こりうる事態に備えて万全の準備をし、先行きを悲観することなく冷静に対処することを初代内閣安全保障室長の佐々淳行氏が説いた言葉であり、危機管理の奥深さを言い表しています。

あなたも「ながらパトロール」に参加して、住み慣れた地域を見守る「危機管理の輪」に加わりませんか？

　長野県須坂市のホームページでは、山上憶良が詠んだ歌を引用して「子どもは『宝』プロジェクト」を紹介しています。

> ◎ **「白銀も　黄金も玉も　何せむに　勝れる宝　子にしかめやも」（白銀も黄金も宝玉も、そんなもの何になろうか、子どもには及ぶべくもない。）**
> **この歌は、奈良時代の万葉歌人　山上憶良が詠んだ歌です。**
> 「子宝」と言われるように親にとって子どもはまさに宝物です。
> 須坂市では、すべての子どもたちが宝物です。未来を担う子どもたちが、健やかに成長するために「須坂市子ども・子育て支援事業計画」を策定し、子育て支援・子ども支援を進めています。

　読む人を惹きつける心のこもった文章です。須坂市では、令和元年から幼児教育・保育の無償化を実施しており、幼稚園、保育園及び認定こども園を利用する3歳児から5歳児クラスの子どもの利用料が無償だそうです。他にも「ながの子育て家庭優待パスポート事業」をはじめとする様々な事業を展開しており、プロジェクトの名に恥じない手厚い支援メニューに感心させられます。

POINT

著名人の豊富な経験から生まれた金言は、私たちが書いた文章を補強して納得感を高めてくれます。金言を引用するコツをマスターすれば、文章表現の幅が大きく広がるはずです。

30 「優先順位」を明確化して理解を深める

　物事を判断する際には、様々な要素に重みづけをして優先度を決めることになります。その際、**判断基準となる優先順位を明確にしたうえで住民に伝えるようにすれば理解が深まります**。優先度を決める基準が曖昧なまま文章を書くと、モヤモヤした読後感になることが多いので注意が必要です。

　事例を見てみましょう。

> △　本市の学校数は53校であり、このうち20校は昭和30年代に建築され築60年を経過しています。
>
> 　老朽化した校舎の改築は急務であり、教育委員会では「学校施設の改築及び大規模修繕に関する基本方針」を策定し、今後の整備方針を示しました。
>
> 　建築年数や教室不足、運動場の面積不足、周辺地域の大規模開発の動向などをもとに相対的に評価して改築すべき学校を**総合的に判断した結果、来年度は5校の改築に向けて実施設計に着手する**ことになりました。

　優先順位が不明でモヤモヤ

　総合的に判断するため、判断基準を明確に表現したくなかったのかもしれませんが、これでは住民に理解してもらうのは難しいのではないでしょうか。

○ 本市の学校数は53校であり、このうち20校は昭和30年代に建築され築60年を経過しています。

老朽化した校舎の改築は急務であり、教育委員会では「学校施設の改築及び大規模修繕に関する基本方針」を策定し、今後の整備方針を示しました。

改築すべき学校の優先度は、相対的な評価により総合的に判断しますが、**その判断基準となる優先順位を高い順に記載いたします。**

①建築年数
②教室不足
③運動場の面積不足
④周辺地域の大規模開発の動向
⑤災害被害想定

まずは、昭和30年代前半に建築された5校の改築に向けて、来年度から実施設計に着手します。

優先順位が明確でスッキリ

　判断基準となる優先順位が高い順に記載されていると、ストンと腹に落ちる文章になるため、住民の理解が深まります。

POINT

判断基準は文中に羅列するのではなく、番号をふって重要な順に並べると住民の視覚に訴える効果も期待できます。住民の理解が進めば、事業を進めやすくなるメリットもあります。

【第4位】
○○が不適切

「公務員の文章あるある」第4位。「○○」の答えは、「読点」です。文章を書く過程では、読点を打つべきか打たないほうがいいのかと迷うことは少なくありません。一方で、読点の役割を理解していない人もいます。その結果、余計な読点が読み手の理解を妨げたり、読点がないために複数の解釈を生んでしまいます。

例えば、次のような事例があります。

 この先喫煙禁止区域です。タバコのポイ捨てはやめてください。

ある街を訪れた際、駅に向かって歩いていると看板があり、このような注意喚起メッセージが書かれていました。前後の文を関連付けて注意深く読んでみると、ハッとさせられます。それは、「ポイ捨て早めてください」という解釈もできてしまうからです。次のように読点を打てば、そのような懸念もなくなります。

 この先、喫煙禁止区域です。タバコのポイ捨ては、やめてください。

打つべき読点を打たないと、書き手の意図と読み手の理解にズレが生じるため、無用なトラブルを誘発することにもなりかねません。読点は、「意味のまとまりを作る」という極めて重要な役割を担っていることを再認識したうえで、誤解のない正しく伝わる文章を書く必要があります。

第 3 章

バッチリ承認を得る!

上司向け文章
の秘訣

31 ズバリ「良い見出し」を付けて上司を納得させる

　新聞やインターネット記事などを読む際、誰もがまず最初に目にするのが見出しです。この見出しがありふれたものだったら、本文を読まないという人も少なくありません。一方で、忙しい上司の中には、情報収集する際に見出しだけを読んで全体の内容を把握しているという人もいます。したがって、見出しは極めて重要な役割を果たしていることになります。しかし、つまらない見出しや味気ない見出しを付けていたり、見出しを付けずに作成されている文書が散見されるのも実情です。

　良い見出しは、本文の内容を要約した表現となっているため、読み進めていくための「道標」のような役割を果たしてくれます。一方、悪い見出しは要点を捉えた表現になっていないため、道標になり得ません。このため、読み手は全神経を集中させながら読まなければ理解できなくなってしまいます。

　課長が部長に提出する報告書の事例を見てみましょう。

> ✗ **庁舎移転計画の議員レクについて**
> 　1．庁舎移転計画について
> 　2．移転時期について
> 　3．移転費用について
> 　4．移転反対の市民団体について

「について」ばかりで単調…

◎　F議員に対する庁舎移転計画の説明結果について

1．庁舎移転には賛成

　駅前再開発ビルへの庁舎移転は、市民の利便性や駅周辺地域のさらなる賑わい創出の観点からも妥当な判断であり、積極的に推進すべきと激励していただいた。

2．移転時期はスピード感が大切

　6年後の移転に向けた準備については、現庁舎の老朽化に伴い維持管理費が増大しているため、早期の移転のための工程管理に注力すべきとの要望があった。

3．移転費用は市民目線で精査すべき

　建築資材の高騰に伴い工事費が増大しているため、計画当初に想定していた移転費用の1割増となることについては一定の理解が得られたが、市民の血税を1円たりとも無駄にしないように徹底した精査が必要であると強調された。

4．移転反対の市民団体から要望書が届く

　税金の無駄遣いとなる庁舎移転は即刻中止すべきというこれまでの主張が書かれた要望書が、党控室に届いたとの情報提供があった。（別添参照）

本文の内容を要約した見出し

POINT

見出しは報告書の顔。本文を読まなくても、見出しだけで内容を理解できるのが良い報告書です。「見出しを補足説明するために本文を書く」という発想で作成してみましょう。

32 「単文・重文・複文」を理解して使い分ける

　普段、文の構造を意識しながら書いている人はそれほど多くないと思います。しかし、わかりやすい文章を書いて上司を納得させるためには、少なくとも「単文」「重文」「複文」について理解しておく必要があります。

　「単文」とは、主語と述語の組み合わせが一つだけの文です。また「重文」とは、主語と述語の組み合わせが二つ以上あり、それぞれの単文が対等に並列されている文です。さらに「複文」とは、主語と述語の組み合わせが二つ以上あり、それぞれの単文が主従の関係になっている文です。

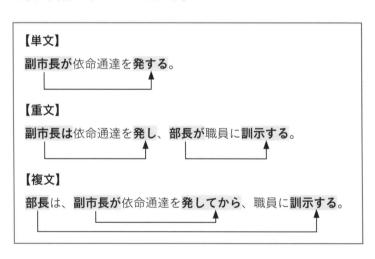

　これらの事例からもわかるように、単文にはシンプルで理解しやすいというメリットがあります。しかし、単文だけを繰り返し

て用いると単調で稚拙な文章になってしまうので、重文と複文を適度に織り交ぜながら構成を考えるようにしたいものです。

新規事業を立案する際の上司への説明資料を見てみましょう。

 来年度から、障害者スポーツ指導員養成講座を実施することとする。【単文】また、年間を通して定期的に障害者スポーツ教室を開催していく。【単文】障害者スポーツ指導員は、スポーツの楽しさを障害者に伝える。【単文】障害者は安心して自主的にスポーツに取り組む。【単文】これにより、ユニバーサルスポーツの普及と発展を図る。【単文】

◎ 障害者が安心して自主的にスポーツに取り組めるようにするために、障害者スポーツ指導員養成講座を実施する。【複文】さらに、年間を通して定期的に障害者スポーツ教室を開催し、障害者スポーツ指導員はスポーツの楽しさを障害者に伝える。【重文】これにより、ユニバーサルスポーツの普及と発展を図る。【単文】

POINT

説得力を高めるために単文を重文や複文に変換したり、よりわかりやすくするために重文や複文を単文に変換したりしながら、ブラッシュアップするのも文章の醍醐味です。

33 「主観」と「客観」を明確に区別する

　客観的な事実に基づき、主観的な判断を行うのが上司です。その上司に間違った判断をさせないために、客観的なデータを精査したうえで主観を添えた資料を提出することは、担当者の責務だといっても過言ではありません。

　主観と客観が混在した資料を作成してしまうと、それを読んだ上司が的確な判断を下すことができなくなってしまいますので、主観と客観を明確に区別したメリハリのある文章を書くように心がけたいものです。

　それでは、事例を見てみましょう。

 市内の空き家は増加傾向にある。【客観】その多くは相続に伴うトラブルが原因で空き家になっている。【主観】外観調査の結果、老朽化した空き家も3割程度あり、**適切な管理が行われていない**。【客観・主観】このため、首都直下地震が発生すれば倒壊する危険性が極めて高い。【主観】しかし、所有者にはその認識がないため、早急な対策が必要である。【主観】

客観が主観に埋もれている

　この文章は主観と客観を混在して表現しているため、読み手は理解するのに苦労します。書き手の主観的判断を、あたかも客観的事実であるかのように読み手に押し付けてしまう危険性が内包

されているのです。

　それでは、主観と客観を明確に区別して書いてみましょう。

◎　今年度における市内の空き家の数は、前年度比2％増の180件であり、令和元年度以降、増加し続けている。【客観】全国的には、相続に伴う遺産分割協議が成立しないことにより空き家になっているケースが多いという報道もある。【客観】昨年度から実施している外観調査の結果、老朽化している空き家の割合は約32％であり、【客観】これらは適切な管理が行われていないものと推察される。【主観】また、マグニチュード7クラスの首都直下地震が発生すれば倒壊する危険性が極めて高いと思われるため、早急な対策が必要だという判断結果となった。【主観】

客観と主観が明確でわかりやすい

　このように、客観的事実には根拠となる数値をしっかりと明記し、主観的判断には「推察される」「思われる」「判断結果となった」などの文言を添えると、読み手が理解しやすくなります。

POINT

「彼は走っている」という客観に対して、「彼は急いでいる」というのが主観です。これらを混同して「彼は急いでいるから走っている」と書くと、読み手に誤解を与えます。

34 「データ」と「ファクト」で上司を頷かせる

　上司に意思決定してもらうための説明資料を作成する機会は、日常業務においてとても多くあります。このような場面での担当者の責務は、上司が間違った意思決定をしないように「データ」と「ファクト」を提示することにあります。

　「データ」とは統計的な数字であり、「ファクト」はデータと関連の深い事実です。これらをもとに上司は「ロジック」となる結論を導き出すことになります。

　事例を見てみましょう。

> ⚠ JR3駅の周辺で大規模な**再開発が進んだ**ことにより良好な**都市型住宅が大幅に増加した**。現在、本市の待機児童はゼロであるが、今後は**保育需要の増大が見込まれる**ため、市独自の補助金を支給して**私立認可保育所の増設を促すこととする**。

　　　　　　　　　　　　　 [主張に対する根拠が弱い]

　この文章は、「都市型住宅が増加した」という客観的事実と、「保育需要の増大が見込まれる」という担当者の主観で構成されています。しかし、これだけでは「私立認可保育所を増設する」という意思決定を行うことができません。なぜなら、上司が結論を導き出すためのロジックが成立していないからです。

　それでは、上司を頷かせるためにリメイクしてみましょう。

◎ 本市の人口は昨年度に比べ**2,500人の増**となった。
【データ】JR3駅の周辺で工事が進められている大規
模な再開発のうち、２棟の大型マンションが完成し、
800住戸が供給された。【ファクト】既に転入手続き
を済ませた700住戸の家族構成を調査した結果、**小学
校入学前の子は400人**おり、このうち**３歳未満の子は
250人**であった。【データ】これまで本市の待機児童
はゼロであったが、**今後は保育需要の増大が見込まれ
る**ため、市独自の補助金を支給して**私立認可保育所の
増設を促す**こととする。【ロジック】

データとファクトをしっかりと明記

「人口が2,500人増えた」というデータと、「再開発で800住戸が
供給された」というファクトがあり、さらに「小学校入学前の子
が400人転入した」というデータが添えられています。このよう
にデータとファクトを丁寧に積み上げていくことにより、反論で
きる余地がなくなるため、上司は安心してロジックとなる結論を
導き出すことができるようになります。

POINT

現状（データ）、要因（ファクト）、実証的な理論（ロジック）
という流れで文章構成を考えれば、優柔不断な課長や慎重な
部長の背中をそっと押してあげることができます。

35 「三角ロジック」で納得感を高める

　文章を読み進めていくうちに、「なぜ？」「どうして？」という具合に疑問を抱くことはありませんか？　例えば、「子育てするなら○○市がいい」「たくさんの夫婦が○○市を選んでいる」「あなたも○○市で子育てしませんか？」と書いた場合、読み手は「なぜ？」「本当に？」「どうして？」と思い、すぐには信用しません。なぜなら、書き手の主張だけが先行して、読み手を説得する要素が何もないからです。

　読み手に納得してもらえる文章を書こうとするなら、「主張」を支えるのが「データ」と「論拠」です。**三角形の一番上の頂点に「主張」を置き、「データ」と「論拠」を底辺の二つの頂点に配した論理の三要素が「三角ロジック」と呼ばれています。**

　日常業務でも、データと論拠で読み手を信用させ、主張を受け入れてもらう場面は少なくありません。残業が常態化している係で、係長が課長に人員要求を訴えるケースを考えてみましょう。

▲　来年度のＡ係の人員は事務職１名増で要求したい。その理由は、窓口に来られるお客様が増えているため窓口対応以外の業務に手が回らなくなっており、残業が常態化していることである。２年連続で新規採用職員が配置され、ベテラン職員がいなくなっていることも一因だと思われる。このままでは、市民サービスの低下を招きかねないため事務職１名増を要求したい。

このように、「忙しい、忙しい！」と悲鳴を上げているだけでは、人員要求を受け入れてもらうことはできません。

◎ 来年度のＡ係の人員は事務職１名増で要求したい。【主張】なぜなら、５月に国の補助制度の改正があり添付資料が厳格化されたことにより、窓口に相談に訪れるお客様が大幅に増えているからである。【論拠】昨年度の相談件数は400件だったのに対し、今年度は650件となっている。【データ】このため、係内の超過勤務が常態化しており平均で50時間／月という状況である。【データ】来年度は補助要件が緩和される見通しであり、さらに業務量が増大することとなるため、窓口の待ち時間短縮を図る必要もある。【論拠】したがって、事務職１名増を要求するものである。【主張】

このように、三角ロジックをイメージしながら、主張・データ・論拠を紐づけていきます。主張の裏付けとなる数値や事実を提示して論理的に説得することで、主張を受け入れてもらいやすくなるはずです。

POINT

「なぜなら」「このため」「したがって」と言葉をつなぎ、これでもか！　と説得力を高めていくのに三角ロジックは最適です。論理の三要素をぜひ活用しましょう。

36 忙しい上司には「SDS法」で要領よく伝える

　資料を読んだ上司から、「結局何が言いたいの？」「結論はどこに書いてあるの？」とため息まじりに言われたことはありませんか？　上司は常に忙しいという前提のもとに、資料を作成する癖をつけたいもの。そこで、お勧めしたいのが「ＳＤＳ法」です。

　Summary（要点）→Details（詳細）→Summary（要点）の流れで文章を組み立てるため、英語の頭文字をとって名付けられたのが「SDS法」です。

　まず、最も伝えたいポイントを要点としてまとめます。「私が伝えたいことは」などと書き始めれば、理解しやすくなります。

　次に、詳細な説明を加えていきます。最初に要約して伝えた内容を「なぜなら」「例えば」「したがって」「つまり」などと補強して、説得力を高めます。

　最後にもう一度、冒頭で伝えた要点について言い回しを変えて記載して、読み手の納得感を高めるように工夫します。

　このような流れで書けば、忙しい上司でも短時間で理解することができるので喜ばれます。

 「SDS法」は、Summary（要点）・Details（詳細）・Summary（要点）の頭文字をとって名付けられた文章構成のフレームワークであり、最初に要点を伝えてから詳細の説明に入り、最後に要点を復唱するため説得力の高い文章を書きたい人にはお勧めである。私は、

「結局何が言いたいの？」「もっと要領よくまとめてくれ」と言われることが多いので、「SDS法」を活用して資料を作成するようにしている。

このように詳細な説明から入ると、読み手は全神経を集中させて読み始める必要があるため、とても疲れます。

◎ 忙しい上司に読んでもらう資料は、短時間で理解してもらえるように要領よくまとめる必要があるため、「SDS法」がお勧めである。【S：要点】
「SDS法」とは、文章構成のフレームワークであり、Summary（要点）・Details（詳細）・Summary（要点）の順に書いていく。なぜなら、最初に要点を伝えてから詳細の説明に入るので理解しやすく、最後に要点を復唱するため説得力が高まるからである。【D：詳細】
忙しい上司は、会議・打合せの合間やスキマ時間に資料を読むことが多いため、「SDS法」で要領よく伝えると、きっと喜んでもらうことができる。【S：要点】

このように、伝えたいポイントを要約しながら書き始めると、読み手にストレスを与えません。

POINT

実は、３分間スピーチの基本も「SDS法」です。たった３分のスピーチなのに強く印象に残るのは、「SDS法」のなせる業なのです。

37 提案書は「PREP法」で論理的に書く

　新規事業の企画提案書を書く際の、自分の型を持っていますか?「なんとか予算化したい」「上司の太鼓判が欲しい」と思いながら気合を入れて書いた提案書が、ダメ出しをもらいボツになってしまうことがないように、しっかりと型にはめて作成するようにしましょう。そこで、お勧めしたいのが「PREP法」です。

　Point（結論）→Reason（理由）→Example（具体例）→Point（結論）という流れで伝えるため、これらの英語の頭文字をとって名付けられた文章構成のフレームワークになります。

　まず、読み手が最も知りたい結論から書き始めます。「〜を提案する」などと文章を結べば、理解しやすくなるでしょう。

　次に、結論に至った理由を説明します。「その理由は〜である」などと書くことで、読み手は論点を整理しやすくなります。

　続いて、理由に説得力を持たせるために具体例を挙げます。「具体的には」「例えば」などと前置きしたうえで、選りすぐった具体例を二つか三つ提示しましょう。

　最後にもう一度、冒頭で伝えた結論を復唱します。「したがって、〜という結論に至った」と表現すれば、アピール性がより高まるはずです。

　前述した「SDS法」よりも文字数は増えますが、理由と具体例を明記するため説得力が高まり、読み手に納得してもらいやすくなります。

　事例をご紹介しましょう。

◎　「子育て推進基本プラン」では、仕事と子育ての両立支援を重点課題に掲げている。そこで、新規事業として、「男性の育児休業率倍増事業」を提案する。【P：結論】

その理由としては、これまで子育て支援制度を拡充して啓発事業を行ってきたが、男性の家事・育児への参画が進んでいないことが挙げられる。【R：理由】

例えば、男性の育児休業取得率は29％にとどまっており、目標値である50％の達成には強いインセンティブが必要である。さらに、育児休業を取得しなかった男性へのアンケート結果から、「職場の理解を得るのが難しい」と回答した人が65％もいたため、意識改革を促すための啓発が必要である。【E：具体例】

したがって、育児休業取得者が経験を語る講座の開催や代替職員の確保、「イクメンサークル」の結成などを軸とする「男性の育児休業率倍増事業」を実施すべきとの結論に至ったものである。【P：結論】

　伝える順番を意識しながら文章を組み立てていくことで説得力が高まり、頑固な上司も首をタテに振ってくれるようになります。読み手を頷かせるための自分の型をぜひ完成させてください。

POINT

「理由」を「具体例」で補強するのがPREP法の特長です。理由は書き手の主観なので反論されることもありますが、具体例は客観的事実なので反論されることがありません。

38 「DESC法」で最善の選択を促す

　事実や状況を客観的に描写して、相手にも共通の認識を持たせたうえで、解決策や妥協案を提案し、最善の選択を促すためのフレームワークが「DESC法」です。

　Describe（描写）→Express（説明）→Suggest（提案）→Choose（選択）という順序で伝えるもので、アメリカの心理学者ゴードン・バウアーらによって提唱されました。

　まず、現場の状況を客観的に描写して、お互いに共通認識を持ちます。次に、そのことに対する自らの考えを表明します。そして、相手に受け入れてほしい解決策や妥協案を提案します。最後に、相手に最善の選択を促します。

　議員からの指摘により、防災課の課長補佐が道路保全課の課長に対して、連携強化に向けた提案をする事例を見てみましょう。

▲　台風19号で倒木が道路をふさいだ際、バス会社への連絡が遅れたためバスが立ち往生することとなり、多数の乗客が足止めされた。このことについて、地元のS議員から防災課長に対し、庁内及び関係機関との連携不足を早急に改善すべきと強い指摘があった。そこで、今年度の防災訓練では、関係機関との連絡体制や庁内連携を改めて総点検するためのロールプレイングを実施することを提案したい。

○ 台風19号が本市を直撃した際、倒木が道路をふさぎ長時間の通行止めを余儀なくされた。バス会社への連絡が遅れたためバスが立ち往生することとなり、多数の乗客が足止めされた。このことについて、地元のS議員から防災課長に対し、庁内及び関係機関との連携不足を早急に改善すべきと強い指摘があった。猛烈な台風であったため倒木が非常に多く、道路保全課には職員総出で懸命な作業を行っていただいたが、当時、10件もの倒木があり通報の受付順に処理していたものと防災課も認識している。【D:描写】

しかし、運行ルートの変更ができず定時性が求められるバスの特性や多数の乗客への影響を考慮し、バス路線の倒木処理を最優先にすべきだったという問題意識が防災課にはある。【E:説明】

そこで、今年度の防災訓練では、関係機関との連絡体制や庁内連携を改めて総点検するためのロールプレイングを実施することを提案したい。【S:提案】

複数の倒木や道路冠水が同時に発生し、駅には多数の帰宅困難者が滞留している状況を想定し、JRやバス会社、警察などの関係機関にも参加を要請して、より実践的な訓練を実施することとしたい。【C:選択】

POINT

「議員から指摘されたから」という理由だけで相手を動かそうとしても、気持ちよく行動に移してもらうことはできません。DESC法を使った文章で相手を動かしましょう。

39 「列挙の接続詞」で 読み手の理解を助ける

　読み手が理解しやすいようにしっかりと導くためには、相手の立場になって文章を組み立て、一度読んだだけで理解してもらえるような流れをつくらなければなりません。そこで、「列挙の接続詞」が重要な役割を果たすことになります。

　例えば、事業のさらなる充実に向けて、次年度の予算要求をすることになったとします。職場の上司から承認を得るために作成する企画書の事例をご紹介しましょう。

> ▲　認知症高齢者やその家族が住み慣れた地域で安心して暮らし続けることができるように、幅広い世代に対して認知症への理解を広める「普及と啓発」、医療機関との連携を図り認知症を早期に発見し、適切な支援につなげていく「早期の支援」、認知症により徘徊する人を早期に発見し、迅速に保護することで高齢者の身体・生命の安全を守るとともに、万が一の事故等に備え家族の安心に繋げる「迅速な保護」の三つを柱に、事業の充実を図ることとする。

ここまでマル(句点)が出てこない!

　いかがでしょうか？　一文で全てを表現しようとしており、読み手に対する配慮が足りませんね。一度読んだだけでは理解できないため、何度も読み返す必要があります。

冒頭に趣旨を明記する

◎ **認知症事業のさらなる充実に向けて、以下の内容で来年度の予算要求をいたしたい。充実を図る三つの柱として「普及と啓発」「早期の支援」「迅速な保護」を掲げることとする。**

第一に、「普及と啓発」である。認知症高齢者やその家族が住み慣れた地域で安心して暮らし続けることができるように、認知症に対する地域の理解を深めるための市民向け講座や映画の上映会を開催する。

第二に、「早期の支援」である。認知症の疑いがある高齢者を早期に発見して適切な支援への橋渡しをするために、市内医療機関と連携しながら「もの忘れ予防健診」を実施する。

第三に、「迅速な保護」である。認知症により徘徊している人が迅速に保護されるように、24時間対応のコールセンターの電話番号を記載したシールとキーホルダーを希望者に配布する。

列挙の接続詞でつなげる

　「三つの柱がある」と前置きしたうえで、「第一に」「第二に」「第三に」と説明すれば、上司の承認が得やすくなります。

POINT

昇任試験論文では、必ず「列挙の接続詞」を用いて書きますが、読み手の理解を助けるために、日常業務で作成する文書でも積極的に活用することをお勧めします。

40 「帰納法」「演繹法」を 使いこなして結論を導く

　「帰納法」「演繹法」という二種類の思考法があります。どちらも説得力のある結論を導き出すために活用することができます。

　「帰納法」は、複数の事実やデータを揃え、それぞれの共通点から結論を導き出していきます。例えば、「横浜市と川崎市は財政規模が大きい」という事実に対して、「横浜市と川崎市は政令市である」という共通点を論拠とし、「政令市は財政規模が大きい」という結論（一般論）に辿り着くことになります。

　一方、**「演繹法」は、一般論と論拠を挙げ、それらを事実やデータで補強します。**例えば、「政令市は財政規模が大きい」という一般論に、「横浜市と川崎市は政令市である」という事実を当てはめ、「横浜市と川崎市は財政規模が大きい」と結論づけます。

【帰納法による起案文】

◎　本市では、入学する小学校を選択できる学校選択制を10年前から実施している。【事実】A小とB小は、学区外からの入学希望者数が10年連続で定員を超え、抽選となっている。【データ①】近年、最も抽選倍率が高いのはC小であり、昨年度は2.3倍であった。【データ②】A小、B小及びC小は、いずれも地域教育基幹校に指定されている。【論拠】おしなべて地域教育基幹校は、人気校である。【結論】そこで、地域教育基幹校の魅力について調査し、今後の地域教育のさらな

る充実を図るため、児童及び保護者を対象とする学校意識調査を実施することといたしたい。【主張】

　このように、複数の事実やデータを提示したうえで、共通点や傾向を読み取って論拠とし、結論を導き出すのが帰納法です。

【演繹法による起案文】

◎　地域教育基幹校の人気は全国的に高いといわれている。【一般論】本市では、Ａ小、Ｂ小及びＣ小の３校が地域教育基幹校に指定されているが、いずれも人気校である。【論拠】入学する小学校を選択できる学校選択制の運用を10年前に開始したが、【事実】Ａ小とＢ小は、学区外からの入学希望者数が10年連続で定員を超え、抽選となっている。【データ①】近年、最も抽選倍率が高いのはＣ小であり、昨年度は2.3倍であった。【データ②】そこで、地域教育基幹校の人気が高い理由を探るべく、児童及び保護者を対象とする学校意識調査を実施いたしたい。【主張】

　このように、一般論から論拠を導き出し、事実やデータで裏付けていくのが演繹法です。

POINT

帰納法や演繹法によって作成された起案文は、起案の趣旨が明確に伝わるため、決裁者は気持ちよく決裁ボタンをクリックすることができます。

41 一発OKの企画書は「目理方結」で書く

　新規事業を始めたいと思ったら、まず職場の上司や財政部門の担当者に説明するための企画書を作成することになります。いくら良い発案であっても、この企画書が説得力のあるものでなければ、事業化に向けた予算がつくことはありません。

　相手を説得するために作成する企画書の型としてお勧めしたいのが「目理方結」です。文字どおり、**「目的」「理由」「方法」「結論」**という構成で仕上げていきますが、箇条書きを意識しながら作成すると読み手が理解しやすくなるでしょう。

▲ **「女性のための防災講座」の実施について**

ひとたび災害が発生すると公助には限界があるため、自らの命を自らが守る自助・共助の取組みが不可欠である。また、災害発生時には「家族を守りたい」「地域の力になりたい」と考えている女性が増えている。このため、女性講師を招いて防災士養成講習を実施し、受講者同士でディスカッションを行うことで仲間づくりを支援しながら、地域の防災活動に継続的に参加する女性を増やすこととする。

　　　　　　　｜「目的」が埋もれている｜

◎ **「女性のための防災講座」の実施について**

1．目的

地域の防災活動に継続的に参加する女性を増やす。

2．理由

昨年度の市民世論調査の結果では、「機会があれば防災活動に参加したい」と答えた女性の割合が、前年度に比べ7ポイント増の32％となった。

一方、「参加するきっかけがない」と回答した人も30％にのぼり、防災意識の高まりは女性において顕著である。これらの結果から、防災活動に参加する女性を増やすためには、きっかけづくりが重要である。

3．方法

女性講師による講演と防災士養成講習を実施し、受講者同士でディスカッションを行うことで、同じ目的を持った仲間づくりを支援する。

4．結論

防災士の取得は、地域の防災活動に参加する契機となる。また、「いつかは参加したい」と考えている潜在的なニーズの掘り起こしにもつながる。さらに、防災活動に参加する同性の仲間ができることで、継続するためのモチベーションともなる。

POINT

「目理方結」で書いた企画書は、職場の上司だけでなく財政部門の担当者の腹にもストンと落ちます。読み手本位の簡潔な企画書を作成すれば、きっと賛同してもらえます。

42 「ロジックツリー」で因果関係を整理する

　上司や議員への説明資料は、思いつくままに書き進めていくと漏れやダブりが生じるだけでなく、論旨が一貫したものにはなりません。その結果、「何が言いたいの？」と言われてしまいます。

　そこでお勧めしたいのは、ロジックツリーを意識して書くということです。**ロジックツリーとは、樹木の幹から枝分かれしていくように、あるテーマを要素ごとに分解して考えていくフレームワークです。**

　例えば、「ワーク・ライフ・バランスの実現に向けた方策」について、議員説明資料を作成するとします。この場合、ロジックツリーを意識して、「目的」と「手段」を階層化するイメージで作成すると、因果関係が明確になり理解しやすくなります。

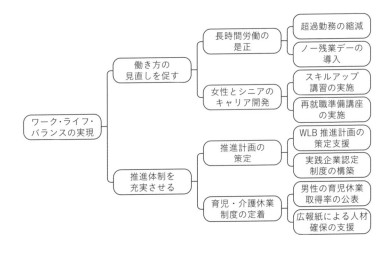

この図を文章に落とし込むと、次のようになります。

◎ **市内企業のワーク・ライフ・バランス実現に向けて**

　1. 働き方の見直しを促す

　（1）長時間労働の是正

　　①超過勤務の縮減

　　②ノー残業デーの導入

　（2）女性とシニアのキャリア開発

　　①スキルアップ講習の実施

　　②再就職準備講座の実施

　2. 推進体制を充実させる

　（1）推進計画の策定

　　①ワーク・ライフ・バランス推進計画の策定支援

　　②実践企業認定制度の構築

　（2）育児・介護休業制度の定着

　　①男性の育児休業取得率の公表

　　②広報紙による人材確保の支援

　なお、ロジックツリーは、「目的」から「手段」を掘り下げて問題解決の策を考えるだけでなく、「結果」から「原因」を掘り下げて原因追求に役立てることもできます。

POINT

ロジックツリーを使うと、課題や方針が明確になるばかりか、それらを共有できるようになります。さらに、因果関係が可視化されるため、特定の要素を深掘りすることもできます。

43 「5W3H」で上司の首をタテに振らせる

　上司や部下、同僚とのやり取りに加え、関係機関との情報伝達の際には、誰もがMECE（漏れやダブりがない状態）を意識しながら5W1Hを確認して資料を作成するはずです。

　なぜなら、漏れがあると情報は正確に伝わらず、ダブりがあると読み手に混乱を与えてしまうからです。

　しかし、上司に提出する企画書や提案書の場合は、5W1Hだけでは意思決定できないことも多くあります。そこで、5W1Hを応用した「5W3H」を用いることになります。

When	：いつ、いつまでに（時期・期限・日程）
Where	：どこで、どこへ（場所・行き先）
Who	：誰が、誰に（対象・担当）
What	：何を、何が（課題・目標）
Why	：なぜ、どうして（動機・目的）
How	：どのように、いかにして（手段・方法）
How many	**：どのくらい、どの程度（数量・規模）**
How much	**：いくら（金額・費用・予算）**

**　「How」をより深く掘り下げて明示することで、上司にとって心強い判断材料となります。**

 乳がんの早期発見に至らずに亡くなる方が増えている

現状に鑑み、来年度は対象年齢を5歳引き下げて35歳以上とし、市内指定医療機関で視触診とマンモグラフィ検査による乳がん検診を実施する。なお、視触診検査の前にマンモグラフィ検査の予約をとるシステムに変更し、マンモグラフィ検査の受診率アップを図る。

◎ **乳がん検診の拡大実施について**

　1．目的

　　乳がんを早期発見することができずに亡くなる方が増えているため、来年度から乳がん検診の対象年齢を引き下げ、健診内容のさらなる充実を図ることとする。

　2．概要

　　1）日程　受診票送付：5月　受診：6月以降

　　2）場所　市内指定医療機関

　　3）対象　35歳以上の女性（対象年齢5歳引下げ）

　　4）内容　視触診検査の前にマンモグラフィ検査の予約をとるようシステムを変更し、マンモグラフィ検査の受診率向上を図る。

　　5）**受診者数　8,800名（今年度比10％増）**

　　6）**予算　847百万円（受診者自己負担額1,000円）**

POINT

正確な情報を漏れなく伝え、的確な判断をしてもらうためにも常に「5W3H」を意識して思考を整理しながら書くようにしましょう。きっと、あなたの信頼度もアップします。

44 「空・雨・傘」で論点を整理する

　問題解決のためのフレームワークとされている「空・雨・傘」は、ビジネスのあらゆる場面で活用することができます。これは、次のような思考の流れで説明されます。

1．「空」を見上げると雨雲がある【事実】
2．「雨」が降るかもしれない【解釈】
3．「傘」を持っていこう【判断】

　このように「事実」「解釈」「判断」の順に物事を考えて、「傘を持っていく」という解決策を導き出すことで、雨に濡れずにすみます。しかし、そもそも空を見上げなかったり、空を見上げたとしても雨雲の存在に気づかなかったり、「今日は降らないだろう」という間違った解釈をしたりすると、「傘を持っていく」という正しい判断には至らず、最悪の場合はびしょ濡れになってしまいます。つまり、**事実をどのように解釈するかが、的確な解決策を導き出せるかどうかの鍵を握っている**ことになります。

　事例をご紹介しましょう。

◎　保護者の病気や複雑な家庭環境などにより、子どもの養育環境に問題がある家庭から電話で相談を受ける事業を、令和元年度から実施している。【事実①】相談実績は、令和元年度が2,000件、令和2年度が2,300件、

令和3年度が2,600件と増加傾向にある。【事実②】これらの傾向から、不安を抱えていても相談できずにいる家庭が少なくないものと考えられる。【解釈】ネグレクトや児童虐待がエスカレートするのを未然に抑止するためには、電話相談に至らない潜在的な需要を早期に把握し、家庭訪問による面接や継続的な支援につなげていく必要がある。【判断①】そこで、小中学校の児童・生徒を対象に、各家庭の養育環境を把握するためのアンケート調査を定期的に実施することとする。【判断②】

　このように「空・雨・傘」の思考法によって文章を組み立てていくことで論点が明確に整理されるため、上司の意思決定がスムーズに行われます。

　一方で、的確な解決策を導くために最も重要な「解釈」の段階で、相談件数が順調に伸びているので「電話オペレーターを増員する必要がある」「受付時間を延長するべきである」という浅はかな解釈をしてしまうと、相談してくれるのを待つだけの受け身の状態が続き、潜在的な需要を早期に把握して支援につなげていくという的確な判断には至らなくなってしまいます。担当者の解釈がいかに重要であるか、肝に銘じる必要があるでしょう。

POINT

相談件数がなぜ増えているのか。この「なぜ」に思いが至らないと「空・雨・傘」の思考法も空振りに終わる危険性があります。本質を見極めるセンスを磨きましょう。

45 「起承転結」は ケースバイケースで使う

　「わかりやすく簡潔に伝えるために起承転結を用いなさい」。そのように習ったのは、小学校の作文の時間だったと記憶しています。「起承転結」とは、文章の構成を**「起（背景）」「承（導入）」「転（発展）」「結（結論）」の四つに分けて順番に述べる**ものです。

　昔話の「桃太郎」を例に確認してみましょう。

【起】 おばあさんが川で拾った桃から、桃太郎が生まれた。

【承】 鬼が暴れていると聞き、桃太郎は鬼ヶ島に向かった。

【転】 犬・猿・キジと共に鬼と対決し、鬼を退治した。

【結】 桃太郎たちは、金銀財宝を持って村に帰還した。

　読み手を惹きつける物語は、このように起承転結の型を忠実に守りながら構成されています。それでは、私たち公務員が書く文章も、起承転結で書いたほうがよいのでしょうか。その答えは、「時と場合による」です。事例を見てみましょう。

【起承転結で書くケース】

◎　主任・係長級の職員を対象に文章力向上研修を実施し、50名が受講した。**【起】**

　「公務員の仕事は文書に始まり文書に終わる」という講師の説明から始まり、様々な事例を紹介しながら正しく伝わる文章の書き方が伝授され、受講者たちは頷

きながら聞いていた。【承】

議会答弁書を作成する個人ワークでは、頭を抱えて悪戦苦闘している受講者がいたものの、その後のグループワークでは活発な議論が展開されていた。【転】

班ごとの発表では、説得力の高い議会答弁書が披露され講師が絶賛する場面もあるなど、**より実践的で受講者の満足度が高い研修となった。**【結】

> 結論が最後に登場する

【起承転結にこだわらないケース】

◎　主任・係長級の職員を対象に実施した文章力向上研修は、**より実践的で受講者の満足度が高い研修となった。**最も盛り上がったのは、議会答弁書を作成するグループワークである。個人ワークでは頭を抱えて悪戦苦闘していた受講者も、活発な議論に加わっていたのがとても印象的であった。最後に行われた班ごとの発表は力作ぞろいで、説得力の高い議会答弁書を講師が「素晴らしい！」と絶賛する場面もあった。

POINT

四コマ漫画のように、時系列で展開していくのが「起承転結」です。最後まで読まないと結論がわからないため、「結論先出し」とケースバイケースで使い分けてください。

【第3位】
○○が怪しい

　たった一文字の助詞（てにをは）が、文章の中でとても重要な働きをしているにもかかわらず、残念ながら助詞は軽視されがちです。そうです、第3位は、「助詞が怪しい」です。

　事例をご紹介しましょう。助詞の役割を認識していない人が書くと、次のような文章が完成してしまいます。

 妻が親の介護**を**必要となったため、働く時間**が**制限しなければならなくなりました。

　働く時間を制限しなければならなくなったのは、「妻」でしょうか？それとも「私」なのでしょうか？　助詞の使い方が怪しいため、読み手はこの文からそのことを推察しなければならないのです。「妻が」という書き出しになっているため、文の後半に「私は」という主語が隠れているような印象を抱く人が多いはずです。

　正しい助詞を用いると、次のようになります。

 妻**は**親の介護**が**必要となったため、働く時間**を**制限しなければならなくなりました。

　「妻が」という書き出しを「妻は」にすると、文の後半の主語も「妻」だというニュアンスが読み手に伝わるようになります。このように、「は」と「が」の使い分けなど助詞の使い方をマスターすれば、文章を書く際に助詞の選択で迷うこともなくなります。

　ぜひ、助詞力アップに取り組んでみてください。

第 **4** 章

納得と賛同をもらう!

議会答弁書
の極意

46 「料理」のように書けば 議会答弁書はうまくいく

　おいしい料理を作るためには、一つひとつの工程を大切にしなければなりません。まず、旬のネタや新鮮な材料を**仕入れ**ます。次に、皮をむいて切り、下味をつけるなど**仕込み**をします。さらに、煮たり蒸したり味付けをして**調理**します。最後に、**味見**をしながら調味料を加減して味を調えます。いずれのプロセスでも、手抜きをせずに愛情を込めて作るからおいしいのです。

　実は、議会答弁書も「料理と同じ手順」で仕上げていきます。

【仕入れ】

議員からの質問と関連の深いネタを仕入れます。基本構想、基本計画、各種実施計画、国や都道府県のホームページからの情報など、鮮度や質にこだわって選びましょう。

　新鮮な旬のネタを厳選

【仕込み】

仕入れたネタから使えそうな文章をピックアップします。重要なフレーズを抜き出して箇条書きにしたり、質問との関連が深いページに付箋をつけたりしながら吟味しましょう。

　地味な作業ほど大切

【調理】

箇条書きにしたものを取捨選択したうえで、自らの文章に盛り込んで答弁の体裁を整えます。仕込んだ材料をうまく活用しながら答弁を補強し、説得力を高めていきましょう。

| 腕によりをかけて |

【味見】

多角的な視点から推敲し、ブラッシュアップしていきます。答弁漏れがないか、助詞や接続詞の使い方は適切か、過去の答弁と齟齬が生じていないか、テンポよく読めるか、関係機関とのすり合わせは必要ないかなど、「蟻の目、鷹の目、魚の目」で確認しましょう。

| 味見しないで客に出さない |

　このように **「仕入れ」「仕込み」「調理」「味見」** という四つの**工程**を経て、初めて課長や部長のチェックを受ける段階を迎えます。議会答弁書の作成を担当する皆さんは料理人であり、課長や部長がレストランを訪れたお客様だという設定で、緊張感を楽しみながら取り組んでみてください。

POINT

おいしい料理を作るためには、守るべき手順があります。議会答弁書を「料理」だと思って調理すれば、「こってり味」にも「あっさり味」にも自由に仕上げることができます。

47 答弁は「素材」が命！
旬のネタを仕入れよう

　議会答弁書は「料理」と同じ要領で丁寧に作ります。一つひとつの工程について、事例を交えながら詳しく説明しましょう。

　例えば、議員から次のような質問が通告されたとします。

【質問】

脱炭素社会の構築に向けて、区民・事業者・区が連携して取り組んでいく必要があると思うが、区長の認識を伺います。

　料理は「仕入れ」から始まります。感度の良いアンテナを高く張り巡らして、この質問との関連が深い新鮮なネタをどんどん仕入れてください。

【仕入れ】

基本構想や基本計画、各種実施計画など、使えそうな冊子を職場のキャビネットから引っぱり出します。次に、インターネット検索を行い、国や都道府県のホームページから鮮度や質にこだわった良いネタを厳選しましょう。

　たとえ使わない可能性が高いとしても、議員からの質問に関連の深いものは念のために仕入れておけば、答弁の幅を広げる際に役立つこともあります。

【ネタ①】
「改正地球温暖化対策推進法の成立」（環境省）

【ネタ②】
「2050年カーボンニュートラル宣言」（日本政府）

【ネタ③】
「地域脱炭素ロードマップ」（国・地方脱炭素実現会議）

【ネタ④】
「ゼロエミッション東京戦略」（東京都）

【ネタ⑤】
「第3次葛飾区環境基本計画」（葛飾区）

　インターネットで検索すれば、たくさんの情報を簡単に手に入れることができますが、**注意しなければならないのは「鮮度」です**。既に改訂されて陳腐化した古い計画類も、インターネット上にはあふれています。鮮度が悪い情報を盛り込んで、答弁の信頼を揺るがすことがないように、細心の注意をはらう必要があります。

POINT

料理の第一工程は「仕入れ」です。旬のネタを厳選し、おいしく調理するための準備を万全に整えてください。この工程をおろそかにすると、次の工程で挽回するのは不可能です。

48 議会答弁書の作成は「仕込み8割」と心得る

　仕入れたネタを使って「仕込み」に入ります。料理の手順では、皮をむいたり切ったりする作業になります。

【仕込み】
仕入れた情報の中から、答弁に引用できそうな文章を切り取り、まな板の上に並べて取捨選択できるようにします。

　仕入れと同様に、**使わない可能性がある文章であっても一つのネタとしてまな板に並べる**ようにしてください。

【ネタ①】「改正地球温暖化対策推進法の成立」
・地球温暖化対策推進法の一部改正法が、2021年5月26日に成立した。改正のポイントは大きく3つである。
（1）2050年までの脱炭素社会の実現を基本理念に
（2）地方創生につながる再生可能エネルギー導入を促進
（3）企業の温室効果ガス排出量情報のオープンデータ化

- -

【ネタ②】「2050年カーボンニュートラル宣言」
・我が国は、2050年までに温室効果ガスの排出を全体としてゼロにする、すなわち2050年カーボンニュートラル、脱炭素社会の実現を目指すことを、ここに宣言します。
・2020年10月の臨時国会における所信表明演説で、菅総理が

このように宣言した。

【ネタ③】「地域脱炭素ロードマップ」

・2030年度までに、少なくとも100か所の脱炭素先行地域を
　つくる。

・全国で重点対策を実行する。（自家消費型太陽光、省エネ
　住宅、電動車など）

- -

【ネタ④】「ゼロエミッション東京戦略」

・気候変動と「持続可能な開発目標（SDGs）」は密接につな
　がっており、気候変動への対策はSDGs達成のための重要
　な要素である。

- -

【ネタ⑤】「第３次葛飾区環境基本計画」

・望ましい将来像として、「みんなでつくる　人や自然にやさ
　しく持続可能なまち　かつしか」を掲げる。

・区に関わる全ての人々がそれぞれ主体となり、地域の環境
　をより良くする取組みを行う。

・公共交通の充実により、快適で環境に配慮したまちにする。

・地域の緑化活動や河川と一体となった公園の整備などによ
　り、緑を創出する。

POINT

料理の第二工程は「仕込み」。答弁書は自らの知識だけで作
れるものではないため、入念な仕込みが必要です。答弁書の
良し悪しを決める最も重要な作業となります。

49 仕込んだ「ネタ」を駆使して文章化する

　前項までに仕入れ・仕込みが終わった材料が、まな板の上に並んでいます。この材料をそのまま使ったり、加工したりしながら、議会答弁書としての体裁を整えて文章化していきましょう。

【質問】

脱炭素社会の構築に向けて、区民・事業者・区が連携して取り組んでいく必要があると思うが、区の認識を伺います。

○　脱炭素社会の構築に向けて、区民・事業者・区が連携して取り組む必要があるとのご質問にお答えします。

気候変動による影響が深刻さを増すなか、地球温暖化対策推進法が改正され、2050年までの脱炭素社会の実現が基本理念として掲げられました。【ネタ①】

また、東京都は2019年12月に「ゼロエミッション東京戦略」を策定し、気候変動と「持続可能な開発目標（SDGs）」が密接につながっており、気候変動への対策がSDGs達成のために重要な要素であるとしております。【ネタ④】

本区においても、2022年３月に「第３次環境基本計画」が策定され、「みんなでつくる 人や自然にやさしく持続可能なまち かつしか」が将来像として掲げら

れたところであり、本区に関わる全ての人々がそれぞれ主体となり、地域環境をより良くする取組みを行うことといたしました。【ネタ⑤】

具体的には、再生可能エネルギーの基幹となる水素エネルギーのさらなる普及促進を図るため、水素ステーションの整備に向けて東京都と協議をしているところでございます。【ネタの追加】

また、徒歩や自転車で移動できる環境の整備や公共交通の充実、河川と一体となった公園の整備を行ってまいります。さらには、区民や事業者と連携した地域の緑化活動、家庭・事業所における省エネ機器の導入促進を図ってまいります。【ネタ⑤】

持続可能な地域社会の実現に向けて、区内最大の事業者である葛飾区役所が率先して行動するとともに、区民・事業者との協働により、2050年までに「ゼロエミッションかつしか」を実現いたします。【ネタの追加】

　ここで注意したいのは、**無理をして全ての材料を使う必要はない**ということです。料理でも、材料を多く用意しすぎた場合、他のメニューで使います。逆に「ネタの追加」も可能です。冷蔵庫にある他の材料も加えて、おいしく仕上げれば喜ばれるでしょう。

POINT

料理の第三工程は「調理」。まな板の上の材料を加工しながら文章化してください。自らの知識や手元の資料からネタを追加して、格式を高めていくのも議会答弁書作成の醍醐味です。

50 料理の味見をするように「推敲」を徹底的に行う

　出来上がった料理を味見もしないでお客様に出す人はいないはずです。文章を書く場合も、料理でいう味見、つまり「推敲」が必要です。前項の議会答弁書を推敲してみましょう。

> ✕　また、東京都は2019年12月に「ゼロエミッション東京戦略」を**策定し**、気候変動と「持続可能な開発目標（SDGs）」<u>が</u>密接に**つながっており、**気候変動への対策<u>が</u>SDGs達成のため<u>に</u>重要な要素であるとしております。

　「策定し」の後に「つながっており」という言い回しが続くため理解しづらくなっています。「策定した」と明確な過去形として表現すれば、わかりやすくなります。また、助詞の使い方にも注意が必要です。

> ◯　また、2019年12月に東京都<u>が</u>**策定した**「ゼロエミッション東京戦略」<u>では</u>、気候変動と「持続可能な開発目標（SDGs）」<u>は</u>密接に**つながっており、**気候変動への対策<u>は</u>SDGs達成のため<u>の</u>重要な要素であるとしております。

✕ 本区においても、2022年3月に「第3次環境基本計画」が**策定され、**「みんなでつくる 人や自然にやさしく持続可能なまち かつしか」が将来像として**掲げられた**ところであり、

○ 本区においても、2022年3月に「第3次環境基本計画」を**策定し、**「みんなでつくる 人や自然にやさしく持続可能なまち かつしか」を将来像として**掲げた**ところであり、

「策定され」「掲げられた」という受動表現は、能動表現に変えて力強さを出しましょう。

✕ **2050年までに**「ゼロエミッションかつしか」を**実現いたします。**

○ 「ゼロエミッションかつしか」の2050年までの**実現に向けて、着実に取り組んでまいります。**

議事録にも残る議会答弁では、「2050年までに実現いたします」と**言い切るのは危険**です。「実現に向けて取り組む」としましょう。

POINT

議会答弁書の作成は時間との勝負になりますが、提出の直前まで推敲に推敲を重ねてください。答弁者がテンポよく読めるように、助詞は「蟻の目」で注意深く確認しましょう。

51 議員の「ライフワーク」を心得て答弁を組み立てる

　議会対応では、議員の性格や個性を知ることも大切ですが、個々の議員が活動を続けていくうえで得意としている分野やライフワークなどを把握することも、良い答弁書を作成するためには欠かせません。

　議会での質問の傾向や日頃の会話でのやり取りの中に、個々の議員のライフワークが垣間見えるはずです。

　例えば、「バリアフリー」や「健康づくり」を得意分野にしている議員が、それ以外の質問をしたケースを考えてみましょう。

【質問】

来年度の当初予算案は、過去最大規模となっておりますが、どのような方針で予算編成を行ったのか。また、予算を重点配分する特徴的な事業は何か、市長の見解を伺う。

　次年度の予算を審議する第1回定例会では、このように大きなテーマの質問が各党からなされることになります。党を代表しての質問となると、自分のライフワークである「バリアフリー」や「健康づくり」について前向きな答弁を引き出したいとの強い思いがあったとしても、ストレートな文言を盛り込むのが難しいはずです。そのような事情を十分に考慮して、**議員との信頼関係を大切にしながら答弁を組み立てる**ようにしたいものです。

　ライフワークを考慮した議会答弁書の事例を見てみましょう。

○ 来年度の一般会計当初予算案は、前年度と比べて4.2％増の880億5千万円であり、7年連続で過去最大を更新しています。予算編成にあたりましては、前期実施計画に掲げている13の重要プロジェクトに重点的に予算を配分することといたしました。特に、激甚化する自然災害から市民の生命と財産を守るための防災プロジェクトや駅周辺の再開発プロジェクト、さらには子育て応援プロジェクトを推し進めるべく、予算を手厚く配分いたしました。また、さらなる高齢化社会の進展を見据え、道路や公園をはじめとする公共施設の**バリアフリー化**を促進するための事業に3億7千万円、市民の**健康づくり**を支援するための事業に2億1千万円を充てるなど、市民ニーズにきめ細かく対応したメリハリのある予算案といたしました。

　予算編成についての質問には、このような答弁をすることになります。この質問をした議員の過去の質問を分析することで、「バリアフリー」と「健康づくり」がライフワークだということが把握できている場合、手厚く予算配分した他の施策があったとしても、「バリアフリー」と「健康づくり」にもしっかりと触れながら、丁寧に答弁を組み立てていくとよいでしょう。

POINT

議員の性格や個性を意識して答弁を組み立てていくのも、議会対応の醍醐味です。議会終了後に「いい答弁だったよ！」と言ってもらえれば、信頼関係がさらに構築されていきます。

52 多めに書いて「断捨離」すれば答弁漏れは防げる

　議会答弁書を作成する際、「答弁漏れ」には細心の注意を払う必要があります。議員から通告された質問に漏れなく答えているか、作成した答弁書をしっかりとチェックしなければなりません。

　そこで、お勧めしたいのが、多めに書いて「断捨離」することです。質問と答弁を照らし合わせながら断捨離していくと、答弁漏れを防ぐことができるばかりか、字数調整もしやすくなります。

【質問】

地球温暖化が急速に進むなか、勢力を保ったまま日本を直撃する台風が増えております。また、線状降水帯の停滞による長時間の大雨により、各地で浸水被害が発生するなかで、水害対策の強化を望む市民の声がますます高くなっております。このような声に的確に応えるために、どのように**対応**していくのか伺います。また、地域における災害対応力の強化も喫緊の課題であり、この課題に対する市長の**認識**と今後どのように取り組んでいくのか具体的な**方策**を伺います。

　質問文が長いので、答弁漏れを起こさないように網掛けをしました。**答弁すべきなのは「対応」「認識」「方策」の三つ**となります。一つの質問に対して三つの答えを盛り込まなければならないので、答弁漏れを起こしやすく字数調整も難しくなります。多めに書いて断捨離する方法は、このような質問にうってつけです。

○ 本市は、国や県と緊密に連携し、堤防の強化や下水道の整備、広域避難の方針策定など様々な治水対策を推進してまいりました。しかし、線状降水帯による長時間の大雨やゲリラ豪雨などにより市内各地区で浸水被害が発生し、**市民生活に甚大な被害を及ぼし**ました。**【現状認識】** このため、今回の浸水被害の発生地区において**下水道整備を急ぐ**こととし、補正予算対応で重点的に工事を行ってまいります。また、道路上の雨が民地に流入する被害を防止するため、市内各地区に**市民が自由に持ち出せる土のうステーションを設置**いたします。**【事後対応策】** 次に災害対応力の強化については、**学校避難所を迅速に開設する体制づくりに加え、地域と連携した運営方法の構築が喫緊の課題**であると認識しております。**【課題認識】** そこで、学校避難所の運営職員を増員するとともに、自治町会や消防団などの地域住民と協働で**避難所開設訓練**を実施し、**避難所の迅速な開設と円滑な運営に向けた体制づくり**を早急に進めてまいります。**【具体的方策】**

　答弁書が完成したら、このように「現状認識」「事後対応策」「課題認識」「具体的方策」に分けて内容を確認するとよいでしょう。

POINT

議会答弁書の文字数は、少なすぎると物足りない印象となり、多すぎても心に響きにくくなってしまいます。答弁漏れのチェックをしながら、断捨離で字数調整をしてください。

53 「大中小の法則」で 説明して納得感を高める

　現場の状況を相手に伝える場合は、「大中小の法則」が有効です。大きな事柄から書き始めて、徐々に小さな事柄の説明へと移行していくことで、読み手が現場の状況をイメージしやすくなります。

　議会答弁書の事例を見てみましょう。

【質問】

都市計画マスタープランを策定するにあたっては、地域の声を拾いあげて反映させていく工夫が必要であると思いますが、自治町会の役員や公募市民をメンバーとして実施している地域別勉強会ではどのような工夫をし、どのような意見が出ているのか具体的に伺います。

 本年10月に実施した第3回地域別勉強会では、各地区から様々な意見をいただきました。具体的には、北部地区で緑地の保全に向けて官民が連携して取り組んでいくべきとする意見が出され、東部地区では歴史的な街並みを保存するための地区計画の策定を検討すべきとの意見が出されました。今回から会場内の配置を変更し、地区ごとに円卓を囲むように座っていただき、ブレーンストーミング形式で進行するなど工夫したこともあり、活発な議論が展開されていました。

◎ 本年10月、市民活動センターの大ホールを会場に、第
3回地域別勉強会を実施いたしました。【大】

活発な議論が展開されるように会場内の配置を工夫
し、7つの円卓を設けて地区ごとに円卓を囲むように
座っていただきました。メンバーは各地区8名とし、
男性と女性が同数となるように選定いたしました。円
卓の横にはホワイトボードを配置し、出された意見を
全て書き込んでいくブレーンストーミング形式で進行
いたしました。【中】

緑地が多い北部地区の円卓では、緑地の保全に向けて
官民が連携して取り組んでいくべきとする意見が出さ
れ、メンバー全員がそれを共有いたしました。また、
複数の観光名所を有する東部地区の円卓では、歴史的
な街並みを保存・継承するための地区計画の策定につ
いて検討すべきとの意見が出されていました。他の地
区におきましても円卓を囲んで活発に議論が交わされ
ており、有意義な地域別勉強会となりました。【小】

　このように「大中小の法則」を使って文章を組み立てると臨場
感が生まれ、会場の雰囲気が伝わりやすくなります。質問をした
議員にとっても、納得感の高い答弁書に仕上がります。

POINT

大中小の順に伝えると、現場にいなかった人でも、そこにい
るような感覚に陥り、感情移入しやすくなります。心をつか
むテクニックとして、ぜひ活用してください。

54 三つの「C」で信頼性をアップする

　「Clear（明確に）」「Correct（正確に）」「Concise（簡潔に）」これを三つの「C」と呼んでいます。読み手の心をつかむために私たちが書く文章が備えるべき三要件です。

【Clear（明確に）】
抽象的な表現がなくハッキリとした文章
【Correct（正確に）】
解釈がブレずに正しく伝わる文章
【Concise（簡潔に）】
要点がしっかりと読み取れる文章

　議会の常任委員会で報告する資料の事例を見てみましょう。

 本市は、子育て環境をこれまで以上に充実させるため「子育て支援推進計画」の策定を行い、子どもたちが健やかに育つための様々な取組みを進めてまいりました。計画期間が満了を迎えることとなり、現状や将来想定される課題等を反映した「第2期子育て支援推進計画」の策定を行うにあたりまして、新計画策定の基礎資料とさせていただくための子育てに関する状況やニーズの把握を行う目的で市民ニーズ調査を実施いたしましたので、その結果をご報告させていただきます。

◎ 「第2期子育て支援推進計画」の策定にあたり、市民ニーズを把握するための調査を実施したので、その結果をご報告します。【簡潔に】
本市は、子育て環境をさらに充実させるため、**令和元年度から令和4年度を計画期間とする**「子育て支援推進計画」を策定し、子どもたちを健やかに育成するための様々な取組みを進めてきました。【正確に】
今回の調査は、計画期間の満了に伴い、**「成果の検証」「課題の把握」「潜在的なニーズの掘り起こし」**を目的に実施したものです。【明確に】

　三つの「C」を意識してメリハリをきかせながら書くと、このようになります。最初に、要点を「簡潔に」述べます。次に、これまでの経緯を「正確に」伝えます。最後に、調査の目的を「明確に」表現します。

　「まいりました」「あたりまして」「させていただく」などの丁寧すぎる言い回しは、「きた」「あたり」「する」という平易な表現に変更しました。また、「策定を行う」「把握を行う」などの回りくどい表現は、「策定する」「把握する」とし、動詞をシンプルに使うようにしました。これによって、メリハリのないダラダラ文が、キリッと引き締まった文章に生まれ変わりました。

POINT

議会報告資料は、格式を重視して過度に敬語を用いる傾向にありますが、理解しやすさに重点をおいて三つの「C」で力強く表現すれば、信頼感がグッと高まります。

55 「課題」も盛り込んで戦略的な答弁書にする

　議会答弁書は、往々にして成果のオンパレードになりがちですが、事業を推進するうえでの障壁があれば、あえて答弁に盛り込んで次年度の予算確保につなげるような工夫もできます。

　マイナス要素をプラスに作用させた事例を見てみましょう。

【質問】

安心して子どもを育てられる環境を整備し、子育て中の家庭を支援する必要がありますが、現在、どのような取組みを行っており、いかなる成果が出ているのか伺います。

◎　安心して子どもを育てられる環境の整備についてのご質問にお答えいたします。

　子育て環境の充実は、本市の基本計画に掲げる重要プロジェクトの一つであり、現在、様々な事業を組織横断的に実施しているところです。

　まず、共働き世帯の増加により保育が必要な家庭が増えていることを踏まえ、認可保育所と幼保連携型認定こども園を整備する事業者に対し、施設整備費の一部を助成しております。昨年度はそれぞれ1園を新たに開設し、保育定員を90人、教育定員を30人増やすことができ、待機児童の解消に大きく寄与いたしました。

また、子育て中の保護者の不安解消を図り、仲間づくりを支援するために「子育てひろば」の設置を進めており、新たに二つの市立保育園で開設に至り、目標の10園を達成することができました。

いずれの施設におきましても、利用者の満足度は高く、大変喜んでいただいております。

一方で、保育の質を向上させるためには、保育人材の確保と定着が課題となっております。このため、奨学金を返済している保育士への経済的支援など、市内で働くことへのインセンティブにつなげる取組みを積極的に検討してまいりたいと考えております。

引き続き、安心して子どもを育てられる環境を整備するための取組みを着実に進めてまいります。

「課題」も隠さずに明記する

　成果のオンパレードになってしまうと、マイナス要素を隠しているような印象を抱かれかねません。そこで、このように**課題を追記することにより、成果を引き立たせる**効果も期待できます。

　克服すべき課題をさりげなくアピールすることができれば、次年度の予算編成に向けた戦略的な答弁になるはずです。

POINT

信頼関係を構築できている議員からの質問には、あえて喫緊の課題を盛り込んだ答弁を作成し、新規事業の立案につなげるという方法も効果的です。

56 絶対評価に相対評価を交えて力強く訴えかける

　政策や施策を評価する手法としては、絶対評価と相対評価があります。絶対評価とは、実施計画で定めた目標の達成度や成果に焦点をあてて評価するものです。一方、相対評価とは、全国の自治体で第〇位、県内の市町村で第〇位など、特定の集団のなかでどのような位置にいるのかを数字で示します。

　議会答弁書の事例を見てみましょう。

【質問】

新たな基本計画の策定にあたっては、これまでの成果を検証したうえで進めるべきと考えますが、市長の認識を伺います。

　新たな基本計画の策定についてのご質問にお答えいたします。現在の基本計画は、基本構想に掲げた将来像である「水と緑ゆたかな心ふれあう住みよいまち」を実現するために、平成25年度から令和4年度までの10年間を計画期間として策定したものでございます。子育てや福祉、防災など10の重点施策について明確な数値目標を定め、行政評価制度を活用して進行管理を行ってまいりました。

特に、縦割りを排除して組織横断的に積極的な事業展開を図ってきたことで、**計画事業の大半で目標を達成**

することができ、「市民世論調査」の結果にもあらわれているように非常に高い評価をいただくこととなっております。【絶対評価】

新たな基本計画の策定にあたりましては、これまでの成果のさらなる検証を進めながら、社会経済情勢や市民ニーズの変化にも柔軟に対応することができる計画としてまいります。

◎ 特に、縦割りを排除して組織横断的に積極的な事業展開を図ってきたことが功を奏し、**計画事業の大半で目標を達成すること**ができました。【絶対評価】

その成果は様々な調査結果にもあらわれており、日経グローカルによる「SDGs（持続可能な開発目標）先進度ランキング」では、**全国で14位、都内では２位**という名誉な結果となり、日経DUAL・日本経済新聞による調査でも「共働きで子育てしやすい街」の**全国８位**という高い評価をいただきました。【相対評価】

さらに、「市民世論調査」では、**「今後も本市に住み続けたい」**という回答が84.5％となり、前回調査から６ポイントもの増加となっております。【相対評価】

POINT

数字は嘘をつきません。比較対象のない「絶対評価」ではなく、誰もが納得する「相対評価」の結果を盛り込んでインパクト抜群の力強い議会答弁書を作成してみてください。

57 議会答弁書も「PREP法」で書けば相手に響く

　議会答弁書を書き慣れている人は、自分の型を持っています。まだ自分の型を持っていない人にお勧めしたいのが、第3章（88頁）で紹介した「PREP法」です。それでは、PREP法を使って、首長の立場で議会答弁書を作成してみましょう。

【質問】

社会経済情勢が刻々と変化し、区民ニーズが複雑・多様化するなかでも、山積する区政課題を着実に解決していくためには、職員の能力向上が必要不可欠です。今後、どのように人材育成に取り組んでいくのか、区長の見解を伺います。

◯　全国的な人口の減少や少子高齢化の進行などにより、社会経済情勢は大きく変化し、区民ニーズも複雑化・多様化しております。このような**変化を迅速かつ的確に捉え、誰もが安心して暮らすことができる葛飾区政を実現するためには、「葛飾区人材育成基本方針」をもとに戦略的に人材育成を行っていく必要がございます。【P：結論】**

　私は、現場の最前線で働く**職員一人ひとりの成長が区民サービスをさらに向上させる**と考えており、人材育成を区政の重要な柱に位置づけて実践してまいりまし

た。【R：理由】

具体的には、区政運営の基本となる「5つの職員像」として「区民第一、現場第一」「スピードアップ」「おもてなし」「業務改善」「協働」を掲げて、各職場で実践しております。また、**各課長が職員と目標を共有しながら成長を促していく人事考課制度や、若手育成カルテ、メンター制度、OJT**など、様々な手法を組み合わせて行動変容を促しております。さらには、**私自身も積極的に研修に登壇し、職員としての使命や職務に取り組む基本姿勢などを説き、職員の意識改革**を図っているところでございます。【E：具体例】

このような取組みが功を奏し、「葛飾区政策・施策マーケティング調査」では、職員の仕事ぶりに満足している区民の割合が58.6％となり、この10年で10ポイント以上も増加いたしました。引き続き、**私が本部長を務め全部長がメンバーとなる「かつしか人づくり推進本部」**が方針の決定や成果の検証を行いながら、上司が部下に寄り添い共に成長していく「伴走型」の人材育成を推し進め、葛飾区政のさらなる発展につなげてまいります。【P：結論】

POINT

PREP法で書けば、相手に響く説得力抜群の議会答弁書になります。こうした答弁は、議員や住民の心をつかむだけでなく、職員に対する力強いメッセージにもなります。

58 まず「概念」を 共有してから本題に入る

　社会状況の変化により新たな概念が注目されてくると、議会でもカタカナ用語が頻繁に飛び交うようになります。例えば、デジタル社会の進展により、デジタル・トランスフォーメーション（DX）という用語が議会の質問や答弁に登場する機会が増えました。このような用語は、**答弁作成者がその概念をしっかりと理解し、議員と共有したうえで議会答弁書を作成する**必要があります。

【質問】
デジタル技術の進展を前提とした社会構造へと変化するなか、デジタル・トランスフォーメーションをどのように捉え、行政運営に位置付けていくのか、市の考えを伺います。

冒頭で概念をしっかりと示す

◎　デジタル・トランスフォーメーションをどのように捉え行政運営に位置付けていくのかとのご質問にお答えいたします。

デジタル・トランスフォーメーションとは、デジタル技術を活用してサービスやビジネスプロセスを変革することにより、人々の生活をより良いものへと導いていく取組みであり、2004年にスウェーデンの大学教授によって提唱された概念でございます。

本市は、業務の効率化を図り、市民サービスのさらなる向上を目指して、これまで市政の様々な分野でデジタル技術を積極的に活用してまいりました。

ご質問にもありますように、現在、デジタル技術は急速に進展しており、スマートフォンやモバイル端末の普及が市民の生活にも様々な恩恵をもたらしております。社会全体が**デジタル・トランスフォーメーション**の潮流に乗るなか、本市といたしましても市民サービスや業務プロセスにデジタル技術を活用して効率化を図り、よりスピーディに成果を出せるように変革を進めていく絶好のチャンスであると認識をしております。

そこで、今年度から策定作業に着手した新基本計画にも、市政運営における重点的な取組みの一つとして**デジタル・トランスフォーメーション**の取組みをしっかりと位置付けてまいりたいと考えております。

引き続き、市政のあらゆる分野でデジタル化を推進し、便利で快適な市民生活の実現を目指してまいります。

デジタル・トランスフォーメーションという用語を漠然と理解しながら答弁を組み立てていくのではなく、このように概念をしっかりと示して共有したうえで本題に入りましょう。

POINT

議会答弁書は、質問議員だけでなく住民に向けたメッセージにもなります。特に、カタカナ用語を用いる際は、その概念を全員が共有できるように工夫する必要があります。

59 じっくりと丁寧に「誠意」をもって反論する

　本会議の一般質問では、これまでの対応方針や事業内容の抜本的な見直しを求められることもあります。この場合は、答弁書を作成する際に細かい神経を使うことになりますが、決して喧嘩を売るようなことがあってはなりません。事例を見てみましょう。

> 【質問】
> 　8月7日に実施した避難所開設訓練では、原則4名の指定職員のうち2名しか参集しない避難所があった。これは、市の危機管理の甘さが露呈した結果であり、災害対策基本方針の抜本的な見直しが必要である。市長の答弁を求める。

　　災害対策基本方針の抜本的な見直しが必要であるとのご質問にお答えいたします。8月7日に実施した避難所開設訓練では、参集した職員が2名の避難所があったのは事実ですが、これは家族の病気や職員本人の体調不良が重なったものであり、**想定の範囲内**の対応でございます。このため、**災害対策基本方針の抜本的な改善は必要ございません。**

　突き放すような答弁で反論したい気持ちもわかりますが、じっくりと丁寧に理詰めで反論したほうがよいでしょう。

◎ 災害対策基本方針の抜本的な見直しが必要であるとの
ご質問にお答えいたします。

8月7日に実施した避難所開設訓練は、地震や風水害
等により避難所を開設する際の連絡体制を確認すると
ともに、速やかな開設に向けた課題を把握する目的で、
実施したものでございます。

各避難所の指定職員は原則4名ですが、市内に120か
所ある避難所のうち、当日の参集職員が2名の避難所
が1か所あったのは事実でございます。しかし、これ
は家族の病気や職員本人の体調不良が同じ避難所で重
なったものであり、当日は連絡体制が有効に機能し、
本庁に参集した本部職員が当該避難所の業務にあたり
ました。

この訓練の他にも、避難所指定職員と本部職員を合わ
せて585名が年2回の研修と年1回の図上訓練に参加
しており、あらゆるケースを想定しながら万全の体制
を整えておりますので、災害対策基本方針の抜本的な
見直しが必要であるとは考えておりません。

このように、「訓練の目的」や「臨機応変の対応」「万全の体制
整備」についても盛り込み、誠意ある答弁書に仕上げてください。

POINT

質問内容にも一理あるという場合は、真っ正面から反論して
喧嘩を売るようなことはせず、じっくりと丁寧にやんわりと
反論するほうが効果的です。

60 事業中止を求められたら「キッパリ」と反論する

　本会議の代表質問や一般質問では、**重要な政策を否定**されたり、**事業の即刻廃止**を求められたりすることもあります。そのようなケースでは、遠慮せずキッパリと反論することになります。

【質問】

国や県のひとり親家庭への支援とは別に、市独自の緊急一時給付金を即刻10万円支給することを強く求める。

【筋道を立てて反論するパターン】

◎　ひとり親家庭に対する市独自の緊急一時給付金についてのご質問にお答えいたします。

　ひとり親家庭に対する支援事業は、**ひとり親世帯臨時特例給付金の支給や、県の支援事業と連携した生活用品・食料品等の提供をこれまでも計画的に実施してきた**ところでございます。**【これまでの実績】**

　今後も社会経済情勢の変化や国・県の動向を注視しつつ、**単なる現金給付に限定せず総合的な支援策を検討していく**必要があると考えております。**【今後の方針】**

　したがいまして、現時点におきましては、お話にありました**市独自の緊急一時給付金を支給する考えはございません**。**【キッパリと反論】**

【質問】

市役所の最寄り駅である○○駅の北口地区において再開発組合が進めている市街地再開発事業は、権利者との合意形成が進んでいないにもかかわらず、強引に次の手続きに進もうとしている。市は再開発組合に対する補助金の支給を即刻中止し、事業計画を白紙に戻すよう再開発組合に強く申し入れるべきと考えるが、市長の答弁を求める。

【反論に反論を重ねるパターン】

◎ 市街地再開発事業は、工事着手までの手続きや要件が都市再開発法に定められており、**これらの手続きや要件を無視して進めることはできません。**【反論①】

市といたしましては、権利者の皆さんとの合意形成を丁寧に行うよう再開発組合を指導するとともに、**法定要件を満たしていることを確認したうえで適正に補助金を交付しております。**【反論②】

このため、**補助金の交付を中止する理由はなく、事業計画を白紙に戻すよう再開発組合に申し入れる必要もないものと考えております。**【反論③】

POINT

反論するための答弁書にもパターンがあります。筋道を立ててじっくりと反論するのか、反論に反論を重ねるのかは、質問の内容や質問した議員との関係などで冷静に判断します。

【第2位】
○○の位置がおかしい

「公務員の文章あるある」第2位、○○には何が入るでしょうか。正解は、「修飾語」です。思いついた言葉を思いついた順に並べて文章を書いている人がいかに多いかが、この順位からおわかりいただけるはずです。修飾語は磁石のように近くにある言葉とくっつきたがります。このため、修飾語を適切な位置に置かないと被修飾語との係り受けが成立しなくなってしまいます。

わかりやすい事例をご紹介しましょう。

 使用済みの傘のビニール袋は、こちらに入れてください。

雨が降っている日に、ある自治体の庁舎を訪れた際、入口にこのような掲示がありました。「使用済みの」という修飾語が適切な位置にないため、最も近くにある「傘」とくっつこうとします。その結果、「使用済みの傘」という意味のまとまりを構成し、読み手の理解を阻害することになってしまいます。

この文の被修飾語は「ビニール袋」ですので、その直前に「使用済みの」という修飾語を置いて、係り受けを成立させましょう。

 傘を入れた**使用済みの**ビニール袋は、こちらに入れてください。

なんとなく言いたいことはわかるけど、稚拙な文章だなぁ！と、読み手にため息をつかれることがないように、注意してください。

第 **5** 章

どんな相手の心にも刺さる！

文章力を磨いて
高める習慣

文章を「プレゼントする」という発想を持つ

　読み手の心をつかむ文章。それは創意工夫に富んでおり、読み手へのプレゼントのように作用します。プレゼントを受け取った相手からは、次のような感想が聞こえてきます。「共感した」「新しい発見があった」「目からウロコが落ちた」など、それは好意的な反応ばかりです。

　書き手が伝えたいことと読み手が知りたい内容は必ずしも一致しません。だから、**読み手のニーズを推し量り、読み手が求めている情報や興味を持ちそうな内容をプレゼントする**という発想を**持つ**ようにします。書き手の主張はその後に書けばいいのです。

　それでは、グループウェアの掲示板に、定期健康診断の受診を勧奨するメッセージを載せる場合を考えてみましょう。

> △　定期健康診断を受診しましょう！
> 定期健康診断は、職員の健康を保持増進し、勤務能率の向上を図るため、○○市安全衛生管理規程に基づき年1回実施しています。
> 今年度は下記の日程で実施しますので、積極的に受診し、自己の健康管理に努めてください。
> なお、労働安全衛生法第66条第5項の規定により、職員には定期健康診断の受診が義務付けられています。

決まりきった文体

○ 定期健康診断を受診しましょう！

昨年度の健診会場で、若手職員が次のような会話をしていました。

「俺の体重の増え方、半端ないって」

「マジ？　俺もこれ以上太ったら、ぶっちゃけまずいわ」

文化庁が実施した令和3年度「国語に関する世論調査」によると、「正直なところまずい」ということを「ぶっちゃけまずい」と言う人の割合は、41.4％もいるそうです。また、「中途半端でない」ということを「半端ない」と言う人の割合は、平成23年度の調査では20.1％でしたが、令和3年度には46.4％に増えています。国語に関する日本人の意識の変化が如実にあらわれた興味深い内容になっていますので、ぜひ文化庁のホームページをご覧ください。

さて、体重や血圧は健康のバロメーターだといわれています。今年度も、下記の日程で定期健康診断を実施いたしますので、職員の皆さんは積極的に受診して、ご自身の健康管理にお役立てください。

創意工夫に富んだ文体

POINT

事例に盛り込んだ若手職員の会話や世論調査の結果は、一見して健康診断とは関係がないようにも感じられますが、実は職員の健康意識を高めるために大切な働きをしています。

62 読み手に「ゴール」を イメージしてもらう

　文章によって行動を促された場合、ほとんどの読み手はすんなりと動き出すことができません。例えば、健康診断の結果通知に「今すぐダイエットを始めてください」と記されていたとします。それを読んでイメージするのは、食事制限や運動を続けることの辛さです。この辛いイメージが先行すると、人間は行動に移すことができなくなってしまうのです。

　文章を書く際は、このような**「過程」をイメージさせるのではなく、読み手に「ゴール」をイメージしてもらう**工夫が必要となります。ダイエットを促すようなケースでは、次のような体験談を添えると効果的です。「ダイエットに成功したAさんは、念願の彼氏ができたそうです」「スリム体型に変身したBさんは、タンスの奥に眠っていたジーンズがはけるようになったと喜んでいます」。このような体験談が添えられていると、読み手は「ゴール」を明確にイメージして、第一歩を踏み出すことができます。

⚠️ **近隣住民の皆様へ**

日頃から本市の道路整備事業にご理解とご協力を賜り誠にありがとうございます。

さて、この度、下記の日程で道路拡幅工事を行うこととなりました。**騒音や振動、粉塵の発生防止に努め、安全第一で工事を進めてまいります**ので、ご協力のほどお願い申し上げます。

これは一般的な「工事のおしらせ」ですが、「騒音」「振動」「粉塵」「安全第一」などの言葉が読み手の不安を煽るような文面になっています。それでは、明るいゴールをイメージできるようにリメイクしてみましょう。

> ● **近隣住民の皆様へ**
> 本市では、誰もが**安心**して通行できる**快適**な道路づくりを進めています。この度、下記の日程で道路拡幅工事を行うこととなりました。
> **この工事により、幅3mの広い歩道を両側に整備して電線類を地中化し、全ての電柱を撤去いたします。また、段差の少ないバリアフリー構造の歩道となるため、ベビーカーや車イスだけでなく誰もが安全・快適に通行できるようになります。**
> **完成**までしばらくの間、ご不便をおかけいたしますが、ご協力のほどお願い申し上げます。

工事の「過程」をイメージさせてしまう文章も、工夫次第で「明るいゴール」がイメージできる文章に変身します。**「安心」「快適」「完成」などポジティブワードを文章にちりばめれば、住民の不安や心配を和らげることができる**でしょう。

POINT

フルマラソンに挑戦しているランナーは、ゴールとなっている競技場に駆け込んで、満員の観客から温かい拍手を浴びている自身の姿を想像しながら走っているそうです。

63 「驚き」を伝えて 読み手の共感を引き出す

　深く印象に残る文章には、「驚き」の要素が盛り込まれていることが少なくありません。**「驚き」は、読み手を一瞬で惹きつけるだけでなく、問題意識を共有することにもつながります。**

　例えば、金融庁の報告書が発端となり、2019年に「老後2,000万円問題」が話題となりましたが、皆さんは次のような文章を読んだときにどのように感じるでしょうか？

> 人生100年時代。あなたの老後の資金は足りますか？
> 総務省の家計調査（2017年）によると、無職の高齢夫婦世帯では毎月5万5,000円を取り崩して生活しており、赤字額は年間66万円です。**仮に退職後30年生きるとすれば2,000万円が必要になると試算されます。**
> 今からでも遅くはありません。給料から天引きされる財形貯蓄を始めて老後に備えませんか？

　いかがでしょうか？「2,000万円」という数字のインパクトが、「驚き」となって「財形貯蓄を始めようかなぁ」という問題意識が喚起されるはずです。さらに事例を見てみましょう。

 本来は大人が担う家族の世話や家事を、日常的に行う18歳未満の子どもをヤングケアラーと呼んでいます。児童・生徒の成長に見合わない負担と重い責任が学業

に影響を与えている可能性もあり、本市ではケアラー支援条例を制定するための検討を進めています。

そこで、ヤングケアラーの実態を把握するための調査を市内の小・中学校で実施することになりました。

〔 条例の必要性が伝わらない 〕

○ **15人に1人。これは小学6年生のヤングケアラーの割合です。1学級に2人程度のヤングケアラーが存在することになります。**

厚生労働省が実施した2022年の調査によると、世話をしている家族が「いる」と回答した小学6年生は6.5%という結果になりました。

このうち1日に「7時間以上」を家族の世話に充てていると回答した児童は7.1%にものぼりました。

世話をする家族がいる児童は、いない児童に比べて、欠席や遅刻、早退をすると答えた割合が高く、児童本人の成長や学業への影響も懸念されます。

このため本市では、「ケアラー支援条例」の制定と「訪問支援」の拡充を検討しており、市内の小・中学校でヤングケアラー実態調査を行うこととなりました。

POINT

予想を裏切るデータや意外性のある情報を盛り込んで、「驚き」を伝えてみましょう。好奇心をくすぐられた読み手は、きっと共感してくれるはずです。

64 「ショッキング」な話題をあえて活用する

　新たな施策を展開する場合には、広報紙やホームページなどで住民に周知することになります。しかし、特定の世代に対する手厚い支援であったり、多くの財源が必要となるようなケースでは、住民から一定の反発も予想されます。そこで、**あえてショッキングな話題を引き合いに出して理解を求める**という手法をとることがあります。

　事例を見てみましょう。

> ▲　子育て支援事業の充実に取り組んでいます。
> 本市では、「子育てするなら○○市」を基本計画に掲げており、今年度は病後児保育や一時保育を実施する保育園を拡充するとともに、主要駅からバスで保育園に向かう駅前送迎保育ステーションを設置しました。来年度は、県内の自治体で初となる学校給食の無償化を実施することとし、必要経費として約8億円を予算計上いたしました。引き続き、子育て世代を積極的に支援するための施策をさらに充実してまいります。

　　　　　　　　　　　　　　　子育て世代だけが優遇されるの？

　これは広報紙やホームページでよく見かける文章ですが、子育て支援事業に予算を重点配分する理由を、住民にうまく伝えることができていません。

危機感を共有できる話題

○ **「消滅可能性都市」という言葉があります。2040年までに、日本の自治体の半数にあたる896の自治体が、消滅する可能性があるといわれています。**

これは民間の有識者で構成される日本創成会議が2014年に公表したもので、子どもを産める世代の女性人口が50％以上減少すると、人口が一気に減少して税収も減り、自治体経営が破綻するという警告としてマスコミでも大きく取り上げられました。

幸い本市は、896の自治体には含まれていませんが、少子高齢化は確実に進行しており、2019年から人口の減少傾向が続いています。

そこで、子育て世代を取り込むための施策を積極的に展開することとし、来年度から学校給食の無償化を実施し、子育て世代の負担軽減を図ります。

引き続き、さらなる行財政改革を断行して、持続可能な市政運営に努めてまいります。

内部努力もアピールする

「消滅」という言葉のインパクトの強さが、子育て支援事業を推進することの大切さや切迫性の高さを際立たせてくれます。

POINT

自治体の広報では、ショッキングな話題は避けて通る傾向にあります。しかし、住民の理解を得るためにあえて活用するという柔軟な発想を持つことも大切です。

65 インパクト抜群の 「誇張表現」で心をつかむ

「屋上で象が飼えます」。これはあるハウスメーカーのテレビCMです。「象が踏んでも壊れない」という筆箱のCMもありました。このように、強靭さをアピールする際には、体重が重い象を使って誇張表現をすることがあります。

ここまで大げさな表現はできませんが、私たち公務員が文章を書く際も、**印象深い誇張表現を用いることで読み手の心をつかむ**ことができます。プレスリリースの事例を見てみましょう。

> ⚠ 高度経済成長期に**全国的に相次いで**建てられた公共施設が老朽化しており、本市でも**一斉に**建て替え時期を迎えています。

事態の深刻さが伝わらない

> ⭕ 高度経済成長期に**競い合うようにして**建てられた学校や図書館などが、**雪崩を打つように**一斉に建て替え時期を迎えており、本市も例外ではありません。

切迫した状況が伝わる

> ⚠ **難航していた**用地買収が完了し、ようやく工事に着手できるようになりました。

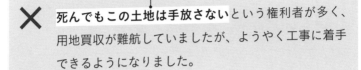

権利者への敬意が感じられない

✕ **死んでもこの土地は手放さない**という権利者が多く、用地買収が難航していましたが、ようやく工事に着手できるようになりました。

◯ 住み慣れた土地には愛着があるものです。**最後の１件になったら用地買収に応じる**という権利者も多く、工事に着手できない状況が長く続いていましたが、全120件の用地買収がようやく完了しました。

さらに事例を見てみましょう。

△ シニア世代が**健康で生き生きと充実した生活を送れる**ように、生涯学習と地域活動の機会を提供します。

◯ **生涯現役を貫き人生を謳歌する**シニア世代を応援するため、生涯学習の場と地域活動の機会を提供します。

POINT

国や自治体の広報活動で、「誇張表現」は御法度だとされがちです。しかし、社会一般に許容される限度内で内容を歪めない程度であれば、活用しても差し支えないでしょう。

66 「二つのメリット」を重ねて期待感を膨らませる

読み手の理解を求めたり行動変容を促したりするために、私たちは文章を書いています。例えば、次年度の予算要求の際には、事業内容の簡潔な説明を添え、査定担当の理解を求めます。

目先のメリットだけ

⚠ **安全で快適な歩行環境を創出する**ために無電柱化事業を推進しています。来年度は、既存の３路線で工事に着手し、拡幅整備する２路線で実施設計を行うための予算を計上しました。

さらに尊いメリットを重ねる

〇 無電柱化事業を推進することで**安全で快適な歩行環境を創出し、良好な都市景観を形成する**ことができます。来年度は、無電柱化推進計画に位置付けた既存３路線で工事に着手し、駅周辺のまちづくりで拡幅される２路線で実施設計を進めるための予算を計上しました。

目先のメリットに加え、さらにその先にある壮大なメリットを明示することで、説得力が倍増して期待感が高まります。

住民に行動変容を促す場合も、「二つのメリット」を重ねて記載することで効果的な文章にすることができます。

68歳から75歳の市民に「もの忘れ予防健診」の受診券を送付しています。

認知症の進行を食い止めるために最も重要なことは、早期発見と早期治療です。受診券が届いたら、市内の医療機関において医師による問診と簡易な検査を受けましょう。

○ 「もの忘れ予防健診」を受診しましょう。68歳から75歳の市民に順次、受診券を送付しています。

受診券が届いたら、市内の医療機関において医師による問診と簡易な検査を受けましょう。

認知症は、早期発見と早期治療で重篤化を防ぐことができます。認知症のような症状を示す別の病気もありますので、原因やタイプを見極めて適切な治療を早期に開始することで完治したり、認知機能を改善したりすることが期待できます。

引き続き、認知症の方とその家族を地域全体で支援するための取組みを積極的に進めていきます。

POINT

一つのメリットだけで住民に重い腰を上げてもらうのは至難のワザです。ホームページなどで住民に行動変容を促す際は、メリットの先にあるさらに尊いメリットを明示しましょう。

67 「アンチ時系列」で 好奇心を刺激してみる

　ある出来事を読み手に伝える際、時系列で書くのが鉄則だと思っていませんか？　実は、時系列で書くよりも「アンチ時系列」で書いたほうが、読み手を惹きこむ効果が期待できます。

　例えば、架け替え工事が完了して生まれ変わった橋の開通記念式典の様子を、広報紙で住民に周知するとします。

> ⚠　新しい三和橋の開通記念式典が、スポーツセンター体育館で実施されました。
>
> 　まず、葛飾区長による主催者代表挨拶では、工事期間中に地域の皆様にご不便をおかけしたこと、バリアフリーに配慮した橋になったことなどのお話がありました。次に、国会議員や都議会議員をはじめとする来賓からご祝辞をいただきました。
>
> 　その後、参加者全員が橋の東詰に移動して、テープカットとくす玉開披、親子三代渡り初めが行われました。晴天に恵まれて、式典は滞りなく終了しました。

事実を淡々と伝えているだけ

　時系列の文章はわかりやすい反面、変化に富んでいないため読み手が惹きこまれることはありません。一方、**「アンチ時系列」で書いて、読み手が興味を示す事柄を前半に紹介すると、とても印象深い文章になります。**

○　雲一つない晴天の中、新しい三和橋の開通記念式典が、スポーツセンター体育館で挙行されました。

この式典で最も注目されたのは、江戸時代から受け継がれている日本の伝統的な儀式「親子三代渡り初め」です。親・子・孫の夫婦が三世代でつながっているように、橋も永続的であってほしいという願いを込め、二組の三世代夫婦が厳かに渡り初めを行いました。

セレモニーに先立って行われた式典では、主催者代表の葛飾区長挨拶があり、住民参加で橋の構造やデザインが決定されたこと、工事中も住民対象の見学会を実施するなど、地域に温かく見守られながら滞りなく工事が進んだことが紹介されました。

その後、国会議員や都議会議員をはじめとする来賓の皆様からご祝辞をいただきました。

前日まで降り続いていた雨もあがり、まるで開通を祝うかのような爽やかな晴天の中、暖かい日差しに包まれて式典は和やかに進行し、そして幕を閉じました。

興味深い事柄を前半で詳しく

POINT

レストランで食べるコース料理は、お客様に提供する順番が決まっています。しかし、私たち公務員が書く文章では、読み手が欲しい情報を先に提供することができます。

68 読み手に「疑問」を 抱かせて解決してあげる

「管理職試験で一発合格するために私が実践した『究極の朝活』をご紹介します」。このような書き出しで文章が始まると、皆さんはどのように感じるでしょうか？「なんなの？ その朝活って！」「早く教えてよ！」と思う人が多いはずです。**書き出しのたった一行に心を奪われて疑問を抱いた読み手は、その疑問を解くために、この後の文章を集中して読み進めていくことになります。**これは、読み手に疑問を抱かせて、それを解決してあげるという手法であり、読み手の心をつかむ仕掛けでもあります。

事例を見てみましょう。

> ⚠ 本市では、子育て支援に重点的に取り組んでいます。
> 認可保育所は10年間で45園の増、園児数は3,083名の
> 増となっており、待機児の数が着実に減っています。
> さらに、「駅前送迎保育ステーション」を市内５駅に
> 設置し、駅と各保育園をバスで結んで送迎することに
> より、保護者の負担軽減を図っています。
> 引き続き、子育て環境の整備に取り組んでまいります。

事業の実績を住民に広報する際、このような文章を書くのが一般的です。しかし、実績はアピールできたとしても、決して住民の心をつかむことはできません。

それでは、読み手に疑問を抱かせる工夫をしてみましょう。

なぜ？　その理由が早く知りたい

○ **全国の自治体で人口減少が止まらない中、本市の人口は10年連続で増加しています。深刻な人口減少社会にありながら、人口が増え続けている要因について分析した結果をお知らせします。**

最も大きな要因としては、子育て支援に重点的に取り組んできたことが挙げられます。

まず、認可保育所の新設です。平成25年には全20園で1,978名の園児を保育していましたが、令和5年には全65園で5,061名を保育している状況です。

さらに、平成30年には「駅前送迎保育ステーション」を市内5駅に設置して、駅と保育園をバスで結び、駅前を拠点に園児が登園・降園するシステムを導入しました。これにより保護者の負担軽減を図ることができ、保育園間の収容バランスも良好に保たれています。

このような取組みが功を奏し、子育て世代の転入が顕著となっており、本市の人口は増え続けているのです。

このように、書き出しで読み手が疑問を抱くように促すことで、印象深い文章となって読み手の心に強く残ります。

POINT

冒頭で述べた管理職試験に一発合格するための『究極の朝活』とは、「プラチナの30分」の活用です。一日のうち最も頭が冴える始業前の30分を活用し、問題集で基礎固めをしました。

69 「カクテルパーティー効果」で相手を惹きつける

　パーティー会場のような騒がしい場所でも、自分に関係する言葉や興味がある情報は耳に飛び込んでくることがあります。たくさんの音の中から、欲しい情報だけを無意識に取捨選択することができる人間の脳の働きを「カクテルパーティー効果」といいます。この効果は、音声だけでなく視覚から得る情報にも認められるといわれています。したがって、**文章を書く際にも「カクテルパーティー効果」を意識すると、氾濫する情報の中にあっても読み手の目に留まりやすくなるだけでなく、共感してもらうこともできます。**

△ 10月29日と30日の両日、柴又帝釈天をメイン会場として「寅さんサミット」が開催されます。日本全国のロケ地の紹介や特産品の販売、伝統的な踊りや和太鼓の披露など盛りだくさんの企画で皆様のご来場を心よりお待ちしております。

魅力を伝えきれていない

ターゲットを明確にする

○ **「寅さんのふるさと柴又」を訪れてみたいと思っている皆さんに朗報です。**
区政施行90周年を迎えた葛飾区では、10月29日と30

日の両日、柴又帝釈天をメイン会場として**毎年大好評**の「寅さんサミット」を開催します。

映画『男はつらいよ』で、寅さんは日本各地を旅して恋に落ち、様々な騒動を巻き起こします。そんな寅さんが訪れたことで生まれたロケ地とのご縁や絆が寅さんサミットの原点です。当日は、日本全国のロケ地の紹介や、**地酒・ワイン・そば・和菓子などの特産品**の販売、伝統的な**踊りや和太鼓**なども披露されます。

帝釈天参道の各店舗では、**この機会にしか食べられない売り切れ必至の限定メニュー**もあり、**無料**で参加できる**お得な福引イベント**もあります。**東京スカイツリーや浅草、上野からもアクセスしやすい好立地にある「下町人情あふれる柴又」**に、ぜひこの機会にお越しください。

> 琴線に触れる言葉があふれている

「寅さんのふるさと柴又を訪れたいと思っている皆さんに朗報です」と、ターゲットを絞って文章を書けば、「カクテルパーティー効果」によって読み手は自分ごととして認識します。たとえ、そのターゲットに自分が含まれていなかったとしても、有益な情報が得られるかもしれないという期待を強く抱くことになります。

POINT

カクテルパーティー効果の恩恵を受けるために、読み手の琴線に触れる言葉を豊富に盛り込みましょう。日頃意識している言葉が文中にあれば、目に留まりやすくなります。

70 「ポジティブハロー効果」を戦略的に活用する

　ボロボロの服を着た男性が道端に倒れていた場合と、スーツ姿の男性が道端に倒れていた場合では、そこを通る人の反応に違いがあるのか。海外で行われた実験では、違いが如実にあらわれました。ボロボロの服の男性は5分以上も放置され、スーツ姿の男性はすぐに助けられたというのです。**人は外見や身だしなみなどの第一印象で相手を判断する傾向にあり、これを「ハロー効果」と呼んでいます。**選挙ポスターを見ただけで、東大卒の候補者や美しい女性の候補者に投票してしまう人がいるのも、一種の「ハロー効果」だといわれています。

　それでは、「ネガティブハロー効果」の事例を見てみましょう。

「食育推進計画（案）」に関するパブリックコメントでお寄せいただいた主なご意見をご紹介します。
・地域特性を踏まえていないので**完成度が低い**
・食品ロスや廃棄物の記載が**物足りない**
・栄養バランスや食事マナーの記載が**中途半端だ**
・学校、家庭、地域の役割を**もっと明確にすべきだ**
・未就学児から食育を始めるという考え方に共感した
・食の安全性の項目が充実しており評価したい
・食への感謝を重視している点に賛同する

　冒頭に挙げた「完成度が低い」という言葉によって、ネガティ

ブな印象を強く植えつけられるため、この計画を読んだことがない人は、もっと時間をかけて検討するべきだと思うはずです。

次に、「ポジティブハロー効果」の事例を見てみましょう。

○ 「食育推進計画（案）」に関するパブリックコメントを実施し、たくさんの貴重なご意見をいただきました。お寄せいただいた主なご意見を紹介します。
・食への感謝を重視している点に 賛同する
・食の安全性の項目が充実しており 評価したい
・未就学児から食育を始めるという考え方に 共感した
・学校、家庭、地域の役割をもっと明確にすべきだ
・栄養バランスや食事マナーの記載が中途半端だ
・食品ロスや廃棄物の記載が物足りない
・地域特性を踏まえていないので完成度が低い

パブリックコメントで寄せられた主な意見の並び順を変えただけで、第一印象がガラリと変わりました。「賛同する」「評価したい」「共感した」という言葉によって読み手の印象がほぼ固まり、その後に出てくるネガティブな意見はごく少数派のものだと感じてしまいます。これが「ポジティブハロー効果」です。

POINT

事実を歪めてしまうような誇大表現は禁物ですが、「ポジティブハロー効果」を戦略的に活用することで、読み手に良い印象を持ってもらうのは、とても大切なことです。

71 「言葉のパズル」を大いに楽しもう

　文章とは「言葉のパズル」です。様々なピースを組み合わせたり、足りないピースを補ったりしながら完成させる醍醐味があります。しかし、一つひとつのピースを適切に組み合わせていない文章を見かけることが多くあります。

　事例を見てみましょう。

> ⚠ 学校避難所の運営における風水害や地震等の災害が発生した場合、またはそのおそれがある場合に、市民の生命の安全を確保するため、基本的取り扱いを以下のとおり定めるものとする。

　いかがでしょうか？　「言葉のパズル」が未完成なのに額に入れて飾ろうとしても無理がありますね。完成度の低いパズルはピースごとに区切って、ピースの入れ替えを楽しんでみましょう。

> ⚠ ④学校避難所の運営における／①風水害や地震等の災害が発生した場合、またはそのおそれがある場合に、／②市民の生命の安全を確保するため、／⑤基本的取り扱いを／③以下のとおり／⑥定めるものとする。

> ○ 風水害や地震等の災害が発生した場合、またはそのお

それがある場合に、市民の生命の安全を確保するため、以下のとおり、学校避難所の運営における基本的取り扱いを定めるものとする。

これで「言葉のパズル」が完成したようにも見えますが、まだまだしっくりこないピースが存在しますので、もう一度入れ替えてみたり足りないピースを補ってみたりしましょう。

○ ①風水害や地震等の災害が発生した場合、またはそのおそれがある場合に、市民の生命の安全を確保するため、／③以下のとおり、／②学校避難所の運営における／④基本的取り扱いを定めるものとする。

◎ 風水害や地震等の災害が発生した場合、またはそのおそれがある場合に、市民の生命の安全を確保するため、**市内に○箇所ある**学校避難所の**開設・運営**について、以下のとおり基本的**方針**を定めるものとする。

「言葉のパズル」が完成するまでの過程を、このように可視化してみると、文章の奥深さを堪能することができます。

POINT

「海賊王に俺はなる！」。人気漫画「ONE PIECE」の主人公ルフィの名セリフも三つのピースで構成されており、入れ替えると全部で6通りのバリエーションが楽しめます。

72 「会ってみたいなぁ」と 思わせる文章を書こう

　クスッと笑えるユーモアがあったり、表現力が豊かな文章に出合ったりしたとき、「この文章を書いた人に会ってみたいなぁ！」と思ったことがありませんか？

> △ 気温の低い日が続いていますが、権利者の皆様におかれましては体調を崩したりしていませんか？
> さて、街づくりニュース10月号をお届けいたします。
> 今回は、9月16日（金）19時から地区センター会議室で開催した「再開発勉強会」の様子についても掲載していますので、ぜひご覧ください。

　いかにも事務的な文面

　これは、無味乾燥という言葉がぴったりの文章ですね。ここに書く必要がない情報を盛り込んで字数を稼いでいるようにも感じられます。これでは「会ってみたいなぁ」と思ってもらうことはできません。

> ◎ あんなに綺麗だった桜も散り、季節は早いもので秋。桜は一年に二度楽しめるといわれますが、今年の「桜もみじ」はとても美しく、私もたっぷりと堪能することができました。最近、気温の低い日が続いていますが、皆様いかがお過ごしでしょうか？

> 一枚、また一枚と桜の木から舞い落ちてくる赤い葉に哀愁を感じてしまうのは、50代も半ばに差しかかり私の髪の毛が薄くなってきたからかもしれません。
> さて、街づくりニュース10月号をお届けいたします。9月に開催した「再開発勉強会」の様子についても掲載していますので、ぜひご覧いただきたいと思います。「街づくりは人づくり」といわれますが、嬉しいことにこの街に育ててもらった地元の若いメンバーたちが今、精力的に活動しています。**若いっていいなぁ！つくづくと思います。**

思わず書き手がどんな人か気になる

　知的な書き出しで始まったかと思うと、途中にユーモアたっぷりの自虐ネタを交えています。そして、このように余韻を残して終わる文章の結び方も読み手を惹きつけるポイントとなります。

　会ってみたいと思わせる文章には、「好感度が高い」「親近感が湧く」「人間味がある」などの特長があります。私たち公務員が書く文章は、いかにも事務的で冷たい文面が多いのは否めませんが、メールの本文やメールマガジンなどを書く際には、ユーモアを交えて読み手に届けてみるのもよいかもしれません。

POINT

文章を読み終えたときに、「どんな人が書いたのだろう？」「会ってみたいなぁ」と思うのは、心を奪われた証拠。読み手の心を奪えるように、ちょっとひと工夫してみましょう。

73 「他者視点」を盛り込んで 複眼的な文章にしよう

　「行政評価」をテーマに文章を書くことになったとします。行政評価の目的や手法について書く人もいれば、行政評価が抱える課題にフォーカスして書く人もいるでしょう。またある人は、行政評価を担当してきた苦労話を書くかもしれません。このように、同じテーマで文章を書くとしても、人によってアプローチの仕方が違います。これを「他者視点」と呼んでいます。

　読み手の心をつかむ文章を書こうとする場合、この「他者視点」が極めて重要です。**文章は、読み手が自分ごととして捉えてこそ、初めて共感してもらうことができます。だからこそ、様々な立場であらゆる角度からテーマを俯瞰する必要があるのです。**

 土木課では、サイクル＆バスライド推進事業を進めています。これまで市内20か所のバス停に駐輪場を整備してきましたが、今後も年間5か所のペースで整備を進めていきます。【土木課の視点のみ】

 交通政策課では、厳しい経営環境にあるバス事業者を支援するため、ハローワークと連携して運転手募集の広報活動や体験型面接会を実施しています。詳しくは、市ホームページをご覧ください。【交通政策課の視点】

○ 2015年に国際連合で採択された「持続可能な開発目標（SDGs）」を達成するために、市を挙げて取り組んでいく必要があります。本市では、環境にやさしい乗り物として注目されている自転車や公共交通の利用を推奨しています。**【SDGs担当課の視点】**

バス利用者が自転車でバス停に来てバスに乗り換える「サイクル＆バスライド」を推進するため、道路や公園用地を活用してバス利用者用の駐輪場を整備しています。これまで、バス停が遠いことや駅前駐輪場の空きがないことを理由に自動車を利用していた市民の皆様にも、安心してバスをご利用いただける環境が整いました。**【土木課・市民の視点】**

一方で、運転手不足により、バスの運行本数や路線数を減らすなど厳しい経営環境のバス事業者が増えています。市は、ハローワークと連携して運転手募集の広報活動や体験型面接会を実施するなど、バス利用者へのサービス低下を招かないようバス事業者を支援していきます。**【交通政策課・バス事業者・市民の視点】**

世界が気候危機に直面している今こそ、脱炭素社会の早期実現に向けて、自転車や公共交通が利用しやすい環境を整備していきます。**【環境課・土木課の視点】**

POINT

担当者が「自分視点」で書いた文章は、読み手の心に響くことはありません。住民や事業者、関係各課などの「他者視点」を大切にしながら、複眼的な文章を組み立てましょう。

74 「口頭で足りること」でも あえて文章化してみる

　上司や議員への報告は、口頭で足りる簡易な内容であっても、数値データを盛り込んで文章化すると喜ばれます。

　例えば、世論調査や意識調査などの速報値が出た段階で上司に報告するケースを想定してみましょう。口頭で報告する場合は、次のようになると思います。

> ⚠ 葛飾区世論調査の速報値が出ました。今後も葛飾区に住み続けたいと答えた人の割合は84.5％で、３年前の前回調査に比べて18.7ポイントの増加という大変喜ばしい結果となっています。今後も住み続けたいと回答した人の性別は、男性のほうが女性よりも高い傾向にあります。ひとまず、第一報とさせていただきます。

速報とはいえ、物足りない

　口頭の場合、このように上司が最も知りたい情報のみをピックアップして報告することになります。しかし、喜ばしい結果の報告を受けた上司は「住み続けたい」と回答した人の属性や理由などが知りたくなるはずです。一方、**文章化したものを読みながら報告すると、上司も活字を目で追いながら聞くこととなり、目と耳の両方から情報がインプットされるので理解が進みます。**

　文章化して報告する場合は、次のようになるはずです。

◎　葛飾区世論調査の速報値をご報告いたします。「今後も葛飾区に住み続けたい」と回答した人の割合は84.5％となり、３年前の前回調査に比べて18.7ポイントの増加となりました。

住み続けたいと回答した人の割合は、女性に比べて男性が高く、とりわけ**50歳代と60歳代では９割を超え**ています。

住み続けたい理由は、「持ち家があるから」が**67.8％（前回56.6％）**で最も高く、次いで「買い物などの日常生活が便利だから」が**42.4％（前回11.9％）**、「交通の便が良いから」が**36.1％（前回7.9％）**となっています。

速報値の集計が終わりましたら、改めて詳細なご報告をいたします。

活字だと前回調査との比較もわかりやすい

担当者は口頭で足りる内容だと思っていたとしても、報告を受ける側の上司や議員は、内容を簡潔にまとめたペーパーが欲しいと思うケースが少なくありません。口頭で足りる内容であっても文章化する癖をつけましょう。

POINT

文章化する作業は、自分自身の思考を整理することにもつながります。ペーパーレスが声高に叫ばれる時代にあっても、文章化する労力を惜しまないようにしたいものです。

75 「同じ土俵」に乗せてから行動変容を促そう

　文学作品は書き出しが命だといわれています。読み手を同じ土俵に乗せるために、作家は知恵を絞ります。例えば、マーク・トウェインの『トム・ソーヤの冒険』は、次のような書き出しです。

「トム！」返事がない。
「トム！」返事がない。
「どうしたんだろう、あの子ったら？　ねえトムや！」
返事がない。

　養母のポリーおばさんが玄関ドアの前で、いたずら好きの腕白少年トムを呼ぶ声で始まります。元気いっぱいのトムがどのような騒動を巻き起こすのか、マーク・トウェインもワクワクしながら書き始めたはずです。その土俵にまんまと読者は乗せられることになってしまいます。

　文学作品だけではありません。公務員が書く住民向けの文章も、**読み手を同じ土俵に乗せてから行動変容を促すと共感が得られやすくなります。**事例を見てみましょう。

いきなりお願い？

 市民の皆様の食品ロス削減に向けた取組みをお願いいたします。食品ロスとは、本来食べられるのに捨てられてしまう食品のことをいいます。日本の食品ロスは

年間約643万トンと推計されており、大きな社会問題となっています。気候変動に対しても深刻な影響をもたらしている食品ロスを削減するため、市民の皆様のご協力をお願いいたします。

◎ 深刻な気候変動の影響で干ばつが発生しているソマリアでは、**国の人口の半数近い620万人が深刻な食糧不足に陥っている**といわれています。一方、日本では気候変動に悪影響を及ぼす大量の食品ロスが発生しており、年間約643万トンにものぼります。**毎日、全国民が茶碗1杯分のご飯を捨てている**計算になるのです。食べ残しや消費期限切れによって廃棄される食品は、処分過程で大量のCO_2を発生しており、気候変動に甚大な影響をもたらします。

県は、2030年までに食品ロスを半減（2000年度比）することを目標に掲げ、様々な取組みを進めています。食品ロス削減に向けて、市民の皆様のご協力をお願いいたします。

｜同じ土俵に乗せる工夫｜

POINT

紹介した事例は、食料が足りない国と余って捨てる国のギャップを突き、読み手を書き手の土俵に引き込むことに成功しています。共感した市民は行動変容を起こすでしょう。

76 「トンマナ」を意識つつ 粋に着くずしてみる

「トンマナ」。これは主に広告業界で使われてきた言葉で、正確には「トーン＆マナー」といいます。広告やウェブサイト等のデザインについて、**トーン（調子）とマナー（様式）を統一することで秩序を保とうとする考え方**に基づいています。フォントや色彩、レイアウトなどがバラバラだと、読み手にストレスを与えることになるため、トンマナを整えることが重視されます。

文章を書く際、私たちも無意識にトンマナを意識しています。例えば、「です・ます調」と「である調」、「丁寧な表現」と「親近感のある表現」のどちらにするかを考え、統一感を持たせるはずです。このように**一定の秩序を守ることを前提にすれば、庁内メールやグループウェア掲示板に記載する文章、庁内報などを作成する際に、あえて遊び心のある表現を使ったり、粋に着くずして書いたりすることもできます。**

庁内向けの「人材育成ニュース」の事例を見てみましょう。

○ **居眠りゼロってホント？** 職層研修「文章の磨き方」を129名の現任職員が受講した。いきなり研修の冒頭でドラえもんのセリフを引用して受講者に語りかけている**講師。**そして、講師の顔を凝視しながら聞く**受講者たち。**お話の一部をご紹介することとしたい。
「人にできて、君だけにできないなんてこと、あるもんか」これは、苦手な竹馬に挑戦してくじけそうになっ

ているのび太君にドラえもんがかけた言葉です。文章に苦手意識がある人も必ず克服できるはずです。

「君が昼寝をしている間にも時間は流れ続けている。一秒も待ってくれない。そして、流れ去った時間は二度と帰ってこないんだ」これは、毎日のように昼寝ばかりしているのび太君にドラえもんがかけた言葉です。1日24時間、時間だけは平等に与えられています。その時間をいかに使うかは皆さんの自由です。でも、これからの8時間を私に預けてください。1秒たりとも無駄にしないように、大切に使わせていただきます。**講師のこのようなお話で始まった研修。**午前は講義で午後が**個人ワークとグループワーク。**研修の成果を体現する各班の発表では、迫真の演技も交えつつプレゼンテーションを繰り広げた**3班がグランプリを獲得！**こうして全員参加型の楽しい研修は終わった。

　体言止めを効果的に使い、歯切れよく研修の様子を伝えています。講師が受講者にかけた言葉は「です・ます調」、それ以外を「である調」で統一し、トンマナを強く意識しながら文章を展開しています。庁内限定の職員向けの文章であれば、このように粋に着くずしてみるのもおもしろいかもしれません。

▌POINT

公用文のルールで文章を作成する私たち公務員は、書くことを楽しむのを忘れているような気がします。時には遊び心を持ち、読み手をワクワクさせる言葉を紡いでみてください。

77 読み手の先回りをして 「Why」を積み重ねる

　薄味で淡白な文章があります。「あっさりしていて物足りない読後感」といったほうがピンとくるかもしれません。当然、説得力がなく、印象にも残りません。例えば、次のような文章です。

 来年度は、各地域の消防団に対する財政支援や防災設備を備えた公園の整備を進めていきます。

　平べったい文章で、とても物足りない印象がありますね。なぜなら、この文章には「Why」がありません。なぜ消防団に財政支援を行うのか、どのような目的で防災活動拠点を整備するのか、その理由が書かれていないのです。
　それでは、理由を盛り込んでみましょう。

⭕ **各地域の消防団が組織力の強化を図るために**【Why】必要な財政支援を行います。
また、**防災活動拠点を各地域に設置するため**【Why】防災設備を備えた公園を地域ごとに整備します。

　いかがでしょうか。「Why」を盛り込んだことで少しは説得力が出てきましたが、まだまだ淡白な印象があります。なぜ消防団の組織力を強化する必要があるのか、どうして各地域に防災活動拠点を整備するのか、読み手はさらに疑問を抱くはずです。

　説得力が高い文章とは、以下のような「Why①」の先にある「Why②」、さらにその先にある「Why③」「Why④」が重層的な構造をなしています。

◎　6,400人以上の死者・行方不明者を出した平成7年の阪神・淡路大震災では、発災時に近隣住民による助け合いによって多くの命が救われたことから、【Why①】人と人とのつながりや絆を大切にした自助・共助の意識を向上させていく必要があります。【Why②】このため、各地域の消防団が防災リーダーとして地域住民をけん引できるよう、【Why③】組織力の強化を図るために【Why④】必要な財政支援を行います。【What】また、防災市民組織が災害発生時に自主的な救援活動を行うことができるよう、【Why①】防災活動拠点を各地域に設置することになり、【Why②】防災設備を備えた公園を地域ごとに整備していきます。【What】

└ これでもか！とWhyを盛り組む ┘

　「Why」を四層にも積み重ねたことにより、平べったい文章が立体的な文章に変身しました。

POINT

説得力が高い文章を書くためには、疑問を抱かせないように読み手の先回りをして「Why」で掘り下げていきます。文章を構造で捉えることによって深みを醸し出してみましょう。

78 「自己紹介文」を書いて臨場感を出す訓練をする

　「臨場感のある文章が書きたい」「表現力を豊かにしたい」と思っている人たちに私がお勧めしているのは、自己紹介文を書くことです。**自らの身の回りで起きたエピソードやハプニングを盛り込んで、臨場感を出す訓練をするには自己紹介文がうってつけです。**

○　私は土木技術職として、これまで土地区画整理事業や市街地再開発事業などに携わってきました。最も印象に残っている仕事は、一級河川○○川に架かる○○橋の架け替え事業です。老朽化した橋を架け替えることになり、計画段階から住民参加で進めたいと上司に進言しました。「大変だからやめておけ」という声もあるなか、上司に背中を押してもらったのは良い思い出です。まだインターネットが普及していなかったので、足を使って地域をまわり、橋づくり協議会という住民組織を立ち上げました。住民の皆さんと手動の車イスに乗って橋の勾配を確認したり、アイマスクをして白杖を持って橋のバリアフリーをチェックしたり、ワークショップ形式で橋の構造を検討したりしながら、みんなに愛される橋となるよう議論を重ねました。様々な苦労があった分、完成時の喜びもひとしおです。**私は完成した橋の歩道に設けられたバルコニーから美しい夕日を眺めながら、あの当時の思い出に浸るのが**

好きです。実は、この橋がテレビCMの舞台にもなっています。そのCMというのは、なんと「痔にはボラギノール♪」です。私のお気に入りのバルコニーで女優さんがベンチに座り、お馴染みのメロディが流れてくるという設定です。このCMを見たら、私を思い出していただけると嬉しいです。

臨場感があり情景が目に浮かぶ

○　僕には彼女がいます。彼女と湘南の海をドライブするために、僕は一生懸命貯めてきた貯金で車を買いました。当然、車のナンバーは彼女と出会った記念日の数字です。人気車種なので納車まで6か月待ちでしたが、待ちに待った納車の日がまもなくやってきます。
ところが事件勃発！　彼女とはもうすぐ別れることになりそうです。僕は、貯金も彼女も全てを失うことになってしまいました。
こんな僕から皆さんにお伝えしたいことがあります。車のナンバーは、彼女との記念日にしないほうがいいです。

自虐ネタで臨場感たっぷり！

POINT

紹介した二つ目の事例は、私が講師を務める実務研修の受講者が書いた秀逸な自己紹介文です。これらを参考にしながら読み手の心をつかむ自己紹介文を考えてみてください。

79 コピーライターになって 「刺さる一行」を紡ぐ

　インターネット上には、様々な情報が氾濫していますが、皆さんは何を基準にして読む記事を選びますか？　タイトルや見出しを見ておもしろそうだと感じたり、自分にとって有益かもしれないと思ったりした記事を読むのではないでしょうか。もし、そうだとしたら、タイトルや見出しの重要性は私たちの想像以上だということになります。**つまらないタイトルや、ありきたりの見出しを掲げると本文を読んでもらうことができないのです。**そこでお勧めしたいのが、自称コピーライターになって「刺さる一行」を紡ぎだす訓練をすることです。

　いつも「刺さる一行」のお手本として私が取り上げるのは、次のキャッチコピーです。

・そうだ京都、行こう。（JR東海）

・ピッカピカの一年生（小学館）

・進化する ぬくもり。（日本郵政グループ）

・地図に残る仕事。（大成建設）

・子どもたちに誇れるしごとを。（清水建設）

・ココロも満タンに（コスモ石油）

　「ココロも満タンに」。たった8文字が私たちの心をつかみます。この偉大なるキャッチコピーを生み出した仲畑貴志さんは、次のように語っています。「ガソリンを売ることで、消費者の心

を満タンにできなきゃそれは本当の意味でいい企業とは言えない。だから、スタンドでの人と人との温かい心のやりとりを形にしようと思った。目には見えないけれど確かに存在するそんな "実態" を言葉にして、商品に付加価値をつけたかったんです」。

いくつかの自治体の広報掲示板を確認してみましたが、所狭しと貼られているポスターやリーフレットには、残念ながら「刺さる一行」が見当たりませんでした。**目には見えない"実態"を言葉にする訓練を、私たち公務員もする必要がある**でしょう。

どのような題材にチャレンジしても構わないと思いますが、手始めに自らが属している自治体のキャッチコピーを考えてみるのをお勧めします。私が考えたキャッチコピーをご紹介しましょう。

・発展する人情都市かつしか。

・都会と田舎のハーフでありたい。

・野菜も空気もおいしくて。

・心のふるさと ここにある。

・ほっとする ずっと住む。

自称コピーライターには、ルールも制約もありません。自由な発想で言葉遊びを楽しむことができます。こうして「刺さる一行」を紡ぎだす訓練を重ねていれば、仕事でも必ず役に立つはずです。

POINT

ココロが満タンになるのはどんなときだろう？ それは、住民に感謝されたときかもしれませんね。私たちにも住民のココロを満タンにできる役所を目指す必要があるかもしれません。

80 心をつかむために 「語彙力」を高める

　語彙力とは「言葉の引き出し」です。その引き出しを開けたり閉めたりしながら、私たちは文章を書いています。しかし、残念なことに引き出しの数が少なくて、思うような文章を書けない人がいます。では、「言葉の引き出し」を増やすためには、どうしたらよいでしょうか。私が実践している方法をご紹介しましょう。

【語彙力の高めかた】

①マーカーペンと辞書を用意する

②新聞を読む

③自分のものになっていない言葉にマーカーを引く

④その言葉の意味を辞書で調べる

⑤その言葉を使って短い文を二つ作る

⑥作った文を手帳にメモする

⑦手帳を定期的に読み返す

　新聞だけでなく、雑誌やインターネット記事でも構いません。知らない言葉や自分のものになっていない表現に出合うことは、とても多くあります。**マーカーを引いて辞書で意味を調べるだけでは、すぐに忘れてしまいますが、その言葉を使って短い文を二つ作ることで、記憶に定着させることができます。**そして、手帳にメモしたうえで時々読み返すようにすれば、その言葉はいずれ自分のものとなって、「言葉の引き出し」にポンと収まるはずです。

最近、私が手帳にメモしたのは、次のような表現です。

【相好（そうごう）】

かおつき。表情。

①勝利の瞬間、彼女は相好を崩した。

②彼の相好を注意深く見守ろう。

【与する（くみする）】

賛成して味方になる。仲間入りする。

①私は改革派に与することとした。

②彼はいずれの立場にも与しない方針だ。

【車軸を流す（しゃじくをながす）】

雨滴（うてき）の太さが車輪の軸ほどもあるという大雨の形容。

車軸を降らす。車軸を下す。

①車軸を流すような雨だというのに傘がない僕。

②車軸を流すほどの雨で運動会は中止となった。

　この方法を使えば、語彙力は着実に高まります。しかし、「言葉の引き出し」は使わないとすぐに錆びついて開かなくなってしまいますので、積極的に文章を書いてメンテナンスをしましょう。

POINT

新聞を読むと、自分のものになっていない言葉が毎日のように目に飛び込んできます。読み手の心をつかむ文章を書くために、新聞を活用して言葉の引き出しを増やしてください。

【第1位】
○○表記が成立していない

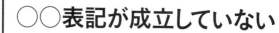

「公務員の文章あるある」堂々の第1位は、「並列表記が成立していない」です。これにはいくつかのパターンがありますが、異質なものやレベルが違う事柄を並列したり、名詞と動詞を並列した事例については、本書でもご紹介しました。ここでは、並列した言葉の片方の述語が脱落しているケースを取り上げましょう。

 自転車利用者に、モラルとルールの**遵守**を呼びかける。

「モラル」と「ルール」は似たような言葉なので、この文を読んでも違和感を抱かない人がいるかもしれません。しかし、この二つは似て非なるものなので、「遵守」という同じ言葉で受けることはできません。したがって、モラルをどうするのかという述語が脱落していることになります。

 自転車利用者に、モラルの**向上**とルールの**遵守**を呼びかける。

このように、並列した言葉のそれぞれにふさわしい述語をしっかりと明記すれば、読み手の負担を減らすことができます。「公務員の文章あるある」ベスト5をコラム形式で紹介しましたが、これらは「心をつかむ」「相手を動かす」ために犯してはならないミスです。前著『一発OK！誰もが納得！公務員の伝わる文章教室』(学陽書房）では、誰もが犯しがちなミスについて詳しく解説しています。

おわりに

この本を手にとっていただけたのも、きっと何かのご縁だと思います。読んでいただいた皆さんに、心から感謝申し上げます。

前著『一発OK！誰もが納得！公務員の伝わる文章教室』（学陽書房）を購入していただいたベテラン職員から、次のような嬉しい感想をもらいました。

若いころの自分にも読ませたかった。

住民や上司、議会に向けて、文章を書く機会がとても多いのに、ほとんどの自治体では文章の書き方を学ぶ実務研修が実施されていません。読点の打ち方を間違えただけで、ガラリと解釈が変わってしまう「怖さ」を文章は持ち合わせているのに、これは憂うべきことだと思います。「文章の磨き方」という実務研修を企画し、そして講師を務めてみて、その理由がよくわかりました。それは、文章の書き方を教えるのが至難の業だということです。

社会人になってから文法上の理屈や細かいルールを学びなおす研修を企画しても、悉皆研修にしないかぎり受講者は集まらないはずです。したがって、自治体の裏も表も知り尽くしている職員が講師を務めるしかないのです。文章の書き方を学ぶことの尊さを、ベテラン職員の言葉は物語っているのだと思います。

ニーチェが私たちに遺してくれた金言があります。

すべての知識の拡大は
　　無意識を意識化することから
　　生じる。

　昨日まで意識していなかったことが、この本を読むことによっ
て意識化されたとすれば、著者として望外の喜びです。
　昨今、新たなスキルの習得を意味する「リスキリング」という
言葉を目にしない日はありません。無意識が意識化されたときに、
止まっていた成長の針が再び動き始めるのだと思います。
　年を重ねるにつれて、時間の大切さが身に沁みるようになって
きました。自らを律するために手帳に記しているゲーテの言葉は、
説得力を増すばかりです。

　　今日より大切なものは存在しない。
　　昨日に戻ることはできないし
　　明日にはまだ手が届かない。

　この本を手にとっていただいた皆さんの益々のご活躍を心から
願い、静かに筆をおきたいと思います。
　学陽書房編集部の村上広大さんには、本書を世に送り出すため
に親身になってサポートしていただきました。心から御礼を申し
上げ、最大級の賛辞を贈らせていただきます。

　　　　　　　　　　　　　　　　　　　　　工藤　勝己

著者紹介

工藤 勝己（くどう・かつみ）

葛飾区総務部総合庁舎整備担当部長。1985年運輸省（現・国土交通省）入省、港湾施設の地震防災に関する技術的研究に従事。その後、1989年葛飾区役所入庁。東京都庁派遣、特別区人事委員会事務局試験研究室主査、区画整理課長、道路建設課長、立石・鉄道立体担当課長、立石駅北街づくり担当課長、都市整備部参事を経て、2022年より現職。道路及び下水道施設の整備、橋梁の架替え、土地区画整理事業、都市計画道路事業、連続立体交差事業、市街地再開発事業に携わる。また、特別区職員採用試験及び特別区管理職試験の問題作成・採点・面接委員、昇任試験の論文採点を務める。技術士（建設部門）、技術士（総合技術監理部門）土地区画整理士。著書に『一発OK! 誰もが納得! 公務員の伝わる文章教室』（学陽書房）がある。

住民・上司・議会に響く！

公務員の心をつかむ文章講座

2023年4月28日 初版発行

著　者　工藤 勝己（くどう かつみ）

発行者　佐久間重嘉

発行所　学 陽 書 房

〒102-0072　東京都千代田区飯田橋1-9-3
営業部／電話　03-3261-1111　FAX　03-5211-3300
編集部／電話　03-3261-1112　FAX　03-5211-3301
http://www.gakuyo.co.jp/

ブックデザイン／能勢明日香
DTP制作・印刷／精文堂印刷　　製本／東京美術紙工

現役管理職が教える
一生モノの"書く"スキル!

報告書、制度案内、庁内での検討資料、予算要求書、首長・議会への説明資料など、公務員に不可欠な文章の書き方について、国・自治体でやり取りされる文書のリアルな例文を紹介しながら、わかりやすく解説する。

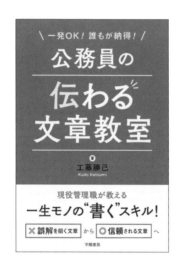

一発OK!誰もが納得!
公務員の伝わる文章教室

工藤勝己 [著]

四六判並製／定価＝1,980円（10%税込）